Jean Laplanche

Die allgemeine Verführungstheorie und andere Aufsätze

»Die hier zusammengestellten Aufsätze erstrecken sich über einen Zeitraum von etwa 20 Jahren. Sie kennzeichnen die Etappen meiner Entwicklung, die Etappen der Schöpfung einer zwar von Freud angeregten Metapsychologie, die aber eine tiefergehende Erneuerung erfahren hat. Das Neue in der Psychoanalyse, wie auf allen anderen Gebieten, bedeutet eine Vertiefung der Grundlage, eine neue Begründung.« (Jean Laplanche)

Der zentrale und lange Zeit auf Deutsch nicht zugängliche Text ist *Die allgemeine Verführungstheorie*. Die anderen Aufsätze bereiten den Weg dahin. In diesem revolutionären Theorieansatz trägt Laplanche einer grundsätzlichen, zwischenmenschlichen Situation Rechnung. Die eingeschränkte Theorie Freuds, die dieser recht schnell verdrängt hatte, wird durch Laplanche auf die Ebene der Verallgemeinerung gehoben. Von dieser Grundlage ausgehend, kann die Metapsychologie und insbesondere die Lehre von den Trieben und von der Angst neu begriffen werden. Die psychoanalytische Praxis wird somit ihre Bedeutung und ihre Ziele besser bestimmen und behaupten können.

Jean Laplanche (1924-2012), Studium der Medizin, Psychoanalytiker; von 1969 bis 1871 Präsident der *Association Psychanalytique de France*; lehrte an den Universitäten von Lausanne, Buenos-Aires, Athen und der Sorbonne in Paris; 1995 erhielt er den *Mary S. Sigourney Award*. Laplanches Vorlesungen erschienen in sieben Bänden (puf, Paris), er verfasste mehrere Bücher und hatte die wissenschaftliche Leitung der Übersetzung der *Gesammelten Werke* Sigmund Freuds.

Jean Laplanche

Die allgemeine Verführungstheorie

und andere Aufsätze

Aus dem Französischen übersetzt
von Gunter Gorhan

Vom Autor durchgesehene
und autorisierte Übersetzung

Brandes & Apsel

Auf Wunsch informieren wir Sie regelmäßig über Neuerscheinungen in dem Bereich Psychoanalyse/Psychotherapie – Globalisierung/ Politisches Sachbuch/Afrika – Interkulturelles Sachbuch – Sachbücher/Wissenschaft – Literatur.

Bitte senden Sie uns dafür eine E-Mail an info@brandes-apsel.de mit Ihrem entsprechenden Interessenschwerpunkt.

Gerne können Sie uns auch Ihre Postadresse übermitteln, wenn Sie die Zusendung unserer Prospekte wünschen.

Außerdem finden Sie unser Gesamtverzeichnis mit aktuellen Informationen im Internet unter: www.brandes-apsel.de

Die hier veröffentlichten Aufsätze sind in dieser Anordnung vom Autor zusammengestellt und mit einer Einleitung versehen worden.

3. Auflage 2025
2. durchgesehene Auflage 2017
des in 1. Auflage 1988 in der edition diskord erschienenen Titels

DTP: Felicitas Alt/Lukas Apsel, Brandes & Apsel Verlag
Umschlag: Lukas Apsel, Brandes & Apsel Verlag,
unter Verwendung des Bildes *Venus, Mars und Amor* von Peter Paul Rubens.
Druck: Stückle Druck, Ettenheim, Printed in Germany
Gedruckt auf einem nach den Richtlinien des Forest Stewardship Council (FSC) zertifizierten, säurefreien, alterungsbeständigen und chlorfrei gebleichten Papier.

Bibliografische Information der Deutschen Nationalbibliothek:
Die Deutsche Nationalbibliothek verzeichnet diese Publikation in der Deutschen Nationalbibliografie; detaillierte bibliografische Daten sind im Internet über www.ddb.de abrufbar.

ISBN 978-3-95558-187-9

Inhalt

Hinweis des Autors

Die hier zusammengestellten Aufsätze erstrecken sich über einen Zeitraum von etwa 20 Jahren. Sie kennzeichnen die Etappen meiner Entwicklung, die Etappen der Schöpfung einer zwar von Freud angeregten Metapsychologie, die aber eine tiefgehende Erneuerung erfahren hat. Das Neue in der Psychoanalyse, wie auf vielen anderen Gebieten, bedeutet eine Vertiefung der Grundlage, eine neue Begründung. Es ist also nicht erstaunlich, am Anfang dieser Sammlung folgenden Gedanken zu finden: Nicht eine »Rückkehr zu Freud« ist nötig, sondern eine »Wendung gegen Freud«, im vollen Sinne des »sich gegen […] wenden«.

Um Freud zu deuten, sollte man in ihm selbst die Elemente einer neuen Begründung finden; man sollte ihn mittels seiner eigenen Methode deuten, d. h. mit derjenigen, welche die zu gut gefügten Zusammenhänge auseinanderbricht, die Verdrängungen rückgängig macht, die vergrabenen Begriffe (von Freud selbst vergrabene) ans Tageslicht bringt. Als wichtigste Aufsätze, die diesen Abbau – Wiederaufbau zu vollziehen suchen, möchte ich hier folgende nennen: *Eine Metapsychologie – von der Angst auf die Probe gestellt*, *Der Trieb und sein Quell-Objekt*, *Der Todestrieb in der Theorie des Sexualtriebes*, *Von der eingeschränkten zur allgemeinen Verführungstheorie*.

Der letztgenannte Aufsatz *Von der eingeschränkten zur* […], eine Synthese der ganzen Entwicklung, ist der Erneuerung der Verführungstheorie gewidmet, einer Theorie, die seit den Jahren 1964–1967 unablässig, wieder und wieder, in Arbeit genommen worden ist. Der Leser wird verstehen, dass die »*Theorie* der allgemeinen Verführung« keineswegs von einem erneuerten, vorrangigen Interesse für die kontingenten Verführungserlebnisse zeugt, sondern einer grundsätzlichen, zwischenmenschlichen Situation Rechnung trägt. Die eingeschränkte Theorie Freuds, die er übrigens sehr schnell verdrängt hat, ist auf die Ebene der Verallgemeinerung im epistemologischen Sinne des Wortes zu heben.

Von diesen Grundlagen ausgehend, kann die gesamte Metapsychologie und insbesondere die Lehre von den Trieben und von der Angst neu begriffen werden. Die analytische Praxis wird somit ihre Bedeutung und ihre Ziele besser bestimmen und behaupten können.

[Mit] Freud deuten

1. Mit Freud deuten

Deuten: Das Wort überrascht nicht, und die – profane oder, besser gesagt, heilige – Funktion, die es bezeichnet, scheint fest begründet zu sein. Zu allen Zeiten, in allen Kulturen hat man Zeichen, Orakel, und Schriften gedeutet. Stets spielt die Deutung mit der Zweideutigkeit oder, wie man sagt, mit der »Polysemie« des manifesten Elements: ob die Botschaft nun von einem, dem Anschein nach, natürlichen Phänomen ausgeht, ob sie sich in einem zweideutigen und trügerischen Satz ausdrückt oder ob sie schließlich, wie die Bibel oder der Koran, allseitig über den Text, aufgrund seines Reichtums, hinausgeht, ein Text, der einem unmittelbaren Verständnis angeboten ist.

Das Interpretieren (Deuten), das seine Nahrung in der Zwei- oder Mehrdeutigkeit von Fakten findet, verdoppelt in sich selbst diese zwei- oder mehrdeutige Natur: Im Laufe einer Verhandlung, in der ich den Vermittler spiele, kann ich auf meine Unparteilichkeit pochen, indem ich Sie daran erinnere, »dass ich nur der Interpret Ihres Gegners B bin«. Aber, wenn ich dann B von dieser Unterredung Rechenschaft ablegen werde, wird er sich, in Sorge darüber, dass ich mich in seinem Namen zu weit eingelassen habe, plötzlich empören: »Da haben Sie aber meine Gedanken interpretiert.«

Den manifesten und unmittelbaren Sinn übersetzen, aber auch ablenken, ihm etwas hinzufügen oder, sei es auch nur unmerklich, ihn verdrehen, das alles kennen wir auch in der Psychopathologie: das paranoische Deuten. Systemhaft, mit einer Weltanschauung ausgerüstet, welche zweifellos nur das Gegenstück und die Umsetzung der unsicheren und bedrohten, aber dafür umso starreren Einheit seines Ich ist, zeigt uns der Paranoiker eine Art von *Kompendium* sämtlicher Verfahren der Hermeneutik: Deutung der Zeichen, der Gesten, der Ab- und Anwesenheiten, wie auch der heiligen oder profanen Texte, die immer, ob nun direkt oder indirekt, an ihn gerichtet sind. Dies alles mit einer Genauigkeit und einer Einfühlung, die Freud ausdrücklich betont hat.[1] Er *übernimmt* zwar alles *in seine persönliche Rede,* aber derart, dass er virtuellen Kraftlinien, unbewussten Bedeutungen folgt, welche nur punktiert angedeutet waren und die er unbarmherzig hervorhebt.

Im Sinne der ganzen nicht-freudianischen, kabbalistischen oder paranoischen, antiken oder patristischen Hermeneutik, bedeutet »deuten«, sich in einem Jenseits jeglicher Gegebenheit zu halten und von diesem Punkt aus auf etwas Diesseitiges abzuzielen. Ein Vorgehen, das sich als eine Vorgehensweise des Wissens ausgeben möchte und den Vergleich mit dem Vorgehen der Wissenschaft nicht scheuen würde. Aber hier tritt die Gegebenheit bereits als Trägerin eines Sinns auf, wie ein zu entzifferndes Wort, ein Buch, das zugleich zu lesen, zu übersetzen und durch einen der Wahrheit näherstehenden Text zu ersetzen ist. So wie es Foucault bezüglich der Hermeneutik der Renaissance ausdrückt:

> Es gibt nur einen Kommentar, wenn unterhalb der Sprache, die man liest und entziffert, die Souveränität eines ursprünglichen Textes verläuft.[2]

Dieser Struktur mit zwei Ebenen, dem manifesten und dem latenten Text, dem Garanten des Unternehmens einer authentischen Deutung, wird von der modernen Kritik hart zugesetzt. Der manifeste Text, Geste, alltägliches Wort oder sogar Werk, ist schließlich nur eine jedem Sinn gegenüber offene »Natur«. Es gibt keinen »Racine« von Racine, sodass der klassische Kritiker, welcher behauptet, ihn uns als solchen wiederzugeben, nur ein Fälscher oder im besten Fall ein Naivling ist. Oder, wenn man einräumt, dass es vielleicht einen Sinn für den Autor gab, so interessiert uns dieser Sinn nicht mehr als jene oder eine andere Abart oder Variation des Textes oder allerhöchstens als »psychologisches« und »anekdotisches« Dokument. Interpretieren (deuten) oder lesen ist ein und dasselbe: in seine eigene, per-

---

1 »Für all diese Äußerungen des Unbewußten seiner Frau (bei Freud: ihres Unbewußten) zeigte er (der Eifersuchtsparanoiker) eine außerordentliche Aufmerksamkeit und verstand sie immer richtig zu deuten, so daß er eigentlich immer Recht hatte und die Analyse noch zur Rechtfertigung seiner Eifersucht anrufen konnte. Eigentlich reduzierte sich seine Abnormität darauf, daß er das Unbewußte seiner Frau schärfer beobachtete und dann weit höher einschätzte, als einem anderen eingefallen wäre.« S. Freud (1922): Über einige neurotische Mechanismen bei Eifersucht, Paranoia und Homosexualität. *GW XIII*, S. 198f.

2 M. Foucault (1978): *Die Ordnung der Dinge*. 2. Aufl. Frankfurt a.M., S. 73.

sönliche Welt übernehmen, mit seinem eigenen Atem beleben, so wie sich der »große Interpret/Deuter« gegenüber der toten Partitur verhält, die er sich bei Durand[3] verschafft.[4]

Deuten ist interpretieren. Ohne uns selbst dem hermeneutischen Mystizismus hinzugeben, der das, was lediglich eine etymologische oder philologische Exegese ist, für eine wissenschaftliche Rede hält, und zwar indem er sich auf die germanische »Tiefe« beruft, möchten wir jedoch hervorheben, dass der deutsche Ausdruck im Vergleich zum französischen eine leicht unterschiedliche Resonanz besitzt. Deutung* *(Die mit * gekennzeichneten Worte sind auch im französischen Text in deutsch, A. d. Ü.)* ist realistischer: Sie setzt die Existenz eines Sinnes voraus, den es aufzufinden und nicht zu erschaffen gilt. Sicher, die Deutung besteht darin, einen Text zu erhellen, aber eben in der Art, dass er in sein wahres Licht gerückt wird, sie besteht darin, das Wahre zu sagen, den immanenten Sinn zu finden: die Bedeutung.* Deuten heißt für Freud, von einem manifesten zu dem ihn begründenden latenten Text gehen, in umgekehrter Richtung dic Wege zurücklegen, die zur Erzeugung des Phänomens geführt haben. Die dunkle Vorahnung des Sinns, die Intuition können höchstens Vorläufer dieser Entschlüsselungs-*Arbeit* sein.[5]

Die Originalität der Freud'schen Deutung verdient es tatsächlich, dass wir sie in Erinnerung rufen und dass wir sie hervorheben. Sie wird nämlich zu oft verkannt, und zwar sowohl in gewissen theoretischen Bemühungen, sie in den allgemeinen Rahmen einer Hermeneutik hineinzupressen, als auch in einer Praxis, die selbst bei den orthodoxesten Psychoanalytikern nicht immer den Verführungen, »wie in einem offenen Buche zu lesen«, widersteht.

---

3 Der wichtigste Musikverlag in Frankreich.

4 Die Schallplatten- oder Filmaufnahme des musikalischen oder schauspielerischen Werkes ändert nichts an diesem Einwand, sobald dieser zum Prinzip erhoben wird: Im Namen welchen absoluten Wertes soll man die von einem Individuum namens Strawinsky dirigierte Aufführung des *Sacre du printemps* privilegieren?

5 Vgl. den Anfang des Kapitels der *Traumdeutung*, das von der »Methode der Traumdeutung« handelt und die psychoanalytische Praxis im Bezug auf antike und volkstümliche Verfahren der Deutung von Träumen bestimmt (*GW II/III*, S. 100ff.).

Ein neurotisches Symptom, die Handlungen oder die Rede eines Individuums, der Text einer klinischen Beobachtung und, auf exemplarische Weise, die *Erzählung eines Traumes,* all das kann unser Buch, unser Text sein. Wir befinden uns hier vor einem Gegebenen, das mit einem gewissen Sinn ausgestattet erscheint und vorgibt, sich selbst zu genügen – Signifikant und Signifikat: Man erzählt sich die Träume, man lacht oder ängstigt sich über sie, ihre poetische Kraft ist universell anerkannt. Ein Text also, den wir lesen und, so scheint es, sogar zusammenfassen und aus zweiter Hand darlegen usw. können.

Man sagt oft, und Freud sagt es bisweilen selbst, die Psychoanalyse habe entdeckt, dass es einen verborgenen Sinn der Träume gibt. Und indem man sich auf den schnell *assimilierten* Begriff der »Überdeterminierung« stützt, fügt man hinzu, dass es eine Vielzahl von möglichen Sinnbedeutungen gibt, die vielleicht alle gleichermaßen gültig sind, und zwar jede auf ihrer mehr oder weniger »tiefen« Ebene. Solange man sich nur auf eine derartige Ausdrucksweise stützt, ist schwer einzusehen, was Freud von jener ganzen zeitgenössischen Strömung unterscheidet, die die Idee zurückweist, dass es *eine* gültige Deutung jeder Bedeutung enthaltenden Produktion gibt.

Die Psychoanalytiker selbst geben sich nicht selten zu einer derartigen Reduktion ihrer Theorie und Praxis her: Schleichen Sie sich nur in eine Versammlung ein, in der einer von ihnen seinen Kollegen einen klinischen Fall vorträgt, und hören Sie der Diskussion zu. Sie werden mühelos den weisesten und zurückhaltendsten Zuhörer auf frischer Tat ertappen: Er wird es wagen, eine vollständigere oder tiefergehende Deutung des vorgetragenen Materials vorzuschlagen, indem er sich, zweifellos mit Umsicht, auf den Zusammenhang, den Teil der »Assoziationen« usw., den der Vortragende mitgeteilt hat, stützt. Aber der Wahnwitzigste und nicht immer der Jüngste wird sich nicht scheuen, in einem Zug, wie aus einem offenen Buch, diesen oder jenen Traum, der nur so nebenbei und ohne Kommentar erwähnt worden ist, zu übersetzen. Der Wahnwitzigste kann übrigens der Vortragende selbst sein, denn von seinem Platz aus ist er nicht *notwendigerweise* privilegiert, und nichts ermächtigt ihn dazu, stillschweigend zu verstehen zu geben, dass dieses oder jenes manifeste Bruchstück Träger eines unbewussten Sinnes ist, der hinreichend klar ist, damit seine Zuhörer und er selbst ohne *Arbeit* Zugang zu ihm finden.[6]

Was kennzeichnet denn nun die psychoanalytische Deutung? Es ist nicht nur die Gewissheit, dass es in den Verhaltensweisen, mit denen sie sich konfrontiert sieht, mindestens zwei Texte gibt: jenen Text, den das Individuum selbst, oder den es sich selbst, in der Unmittelbarkeit seines Bewusstseins gibt, und einen Text, eine Art von unbewusster Rede, die man »Wunschphantasie« nennt. Es ist die notwendige Methode, um vom einen zum anderen überzugehen. Wir kennzeichnen diese Methode als *Analyse,* aber im Verhältnis zu dem, was der cartesianische Geist darunter versteht, in einem zugleich hyperbolischen und abweichenden Sinn. Die »Regeln der Methode« setzten eine Zerlegung in natürliche, einfache und nebeneinanderstellbare Teile voraus, sodass die Rekonstruktion, die »Synthese« sich wie von selbst ergab, nachdem das Objekt den Spaltungslinien gemäß zerlegt worden war. Mit der psychoanalytischen Technik verhält es sich ganz anders. Die beiden Regeln des Dialogs, die *Regel der freien Assoziationen* für den Analysierten und die *Regel der gleichschwebenden Aufmerksamkeit* für den Analytiker bilden *eine methodologische Ganzheit.* Der Hauptakzent wird auf das Gebot gelegt, alle Elemente der Rede *gleich* zu behandeln. Alle Einzelheiten eines Traumes zum Beispiel müssen, ohne dass eine privilegiert wäre, als möglicher Ausgangspunkt einer Assoziationskette betrachtet werden. Dabei darf aber der Ausdruck »Element« nicht täuschen: Es

6 Keiner unter den Analytikern hat dieser Art zu deuten widerstanden und zweifellos Freud selbst nicht. Zur Zeit der Begeisterung für die in ihren Anfängen steckende psychoanalytische Entdeckung, bezaubert davon, zu sehen, dass die Deutungen der psychoanalytischen Kur sich mit jenen der Analyse von Mythen und Brauchtum decken, gibt Freud einer Theorie des »Symbolismus« Konsistenz und Autorität, die behauptet, eine universelle, unbewusste Sprache und Symbole aufzufinden, welche weder von der Geschichte des Individuums, noch von den Besonderheiten dieser oder jener Zivilisation gekennzeichnet wären. Er geht so weit, in dieser sogenannten »symbolischen« Deutung eine zweite Methode zu sehen, parallel zu jener, die auf der geduldigen Arbeit der individuellen »Assoziationen« beruht. Nach einiger Überlegung jedoch lässt sich der »Symbolismus« (in dem sehr genauen Sinn einer Symbolik) vielleicht auf ein einziges wirklich universelles Symbol zurückführen: das minimal signifikante und abtrennbare Element, »das Kleine«,* der Phallus in seinen zahllosen Darstellungen.

gibt im Traum keine »partes extra partes«, die einer einfachen Abgrenzung unterlägen. Die Elemente sind keine signifikanten Atome, in dem Sinne, in dem die linguistische Theorie es bezüglich der gegliederten Rede denkt. Was wir Element der Rede nennen, ist streng genommen *irgendetwas* dieser Rede, sowohl eine Einzelheit als auch eine Szene oder der ganze Traum. Zwischen dem Teil und dem Ganzen gibt es absolut kein Unterordnungsverhältnis: Der Teil kann für das Ganze gelten, das Ganze kann als Element unter vielen anderen gelten. Was Freud *Verschiebung der psychischen Intensität* oder auch *Umkehrung aller psychischen Werte* im Traum genannt hat, ist nichts anderes, als die theoretische Begründung dieser Regel der Zerstückelung der signifikanten Einheit gemäß allen nur vorstellbaren Trennungslinien und gemäß den augenscheinlich am wenigsten natürlichen Grenzen. Für das Schamgefühl oder das sittliche Bewusstsein ist die Regel, nichts im Verlaufe der Sitzung auszulassen und jeden Gedanken gleich zu behandeln, unerhört; und ebenso schockierend ist sie für die Vernunft oder für das »Ich«. Nur das Nachprüfen und Validieren im Verlaufe der Kur zwingen uns, die Paradoxa und die Paralogien, welche diese Regel nach sich zieht, anzuerkennen. So können zum Beispiel zu den *Elementen* des Traumes und ohne dass ihnen irgendetwas einen privilegierten Wert verliehe, der Eindruck, den er bei mir erzeugt hat (Traurigkeit? Schreck?) oder mein Urteil gehören, das ich über ihn »aus einem Abstand« zu fällen *glaube.* »Dieser Traum war verschwommen« oder »von da an erinnere ich mich nicht mehr«: Diese Sätze können uns auf die Spur bringen, aber nicht auf jene eines Merkmals *des Traumes,* sondern auf jene *eines* »latenten Gedankens« unter anderen: auf die Spur meines Freundes X, der gerne ein wenig »verschwommene« Kleider trägt, oder auf die Spur eines Vergessens, das mir im Wachzustand, vor dem Traum, unterlaufen ist. Umgekehrt kann die kleine Absurdität einer kaum wahrnehmbaren Einzelheit den *gesamten* Ausdruck des Traumes mit dem Zeichen der Verneinung oder der Verhöhnung versehen, ähnlich wie es ein algebraischer »Exponent« tun würde. So kann zum Beispiel ferner die Erzählung für den Inhalt gelten, das Signifikant für das Signifikat und umgekehrt. Und so erhält die Metapher ihr volles Gewicht an Wirklichkeit zurück: Die Erinnerung an jene Person, die ich im Kopfe habe, ist genau das Objekt, das ich in mich hineingetan, das ich mir einverleibt habe, das günstige oder das zerstörerische Objekt.

Deuten in der Psychoanalyse, das heißt zuallererst die Organisation des manifesten »Textes« auf radikale Weise demontieren und abbauen. Das heißt, von da aus, und ohne den Boden unter den Füßen zu verlieren, den Assoziationsketten folgen, die ein augenscheinlich wirres und monströses Netz bilden, ohne jegliches Verhältnis, ohne Beziehung zu der Kette, an der es aufgehängt ist. Und wenn sich schließlich ein latenter Inhalt abzeichnet, so niemals als Übersetzung im geläufigen Sinne des Wortes und auch nicht einmal als Umbildung, die, selbst wenn sie ihrem Gesetz nach ebenso komplex wäre wie eine Anamorphose, den manifesten Text mit dem latenten Inhalt Punkt für Punkt in Übereinstimmung bringen würde.

Deuten, das heißt, sich an die Rede »anzuhängen ohne loszulassen«, indem man akzeptiert, nicht über den nächsten Schritt hinaus zu sehen, von der einzigen Gewissheit beseelt, dass die Spuren des Jägers/des Gejagten schließlich die signifikanten *Knoten* hervortreten lassen werden, die aufgrund von Überschneidungen der zahllosen Verschlingungen eine bestimmte unbewusste Folge abgrenzen.[7]

Und wenn es auch manchmal notwendig ist, diese Folge in einer Rede auszudrücken, so bedeutet dies kaum noch »deuten«, sodass Freud es vorgezogen hat, in einem späten Artikel den neuen Ausdruck »Konstruktion« einzuführen, um jenen der »Deutung« dem Fortschreiten von einem Besonderen zu einem anderen Besonderen vorzubehalten, ein Fortschreiten, das den wesentlichen Kern der analytischen Vorgehensweise ausmacht.

> Deutung bezieht sich auf das, was man mit einem einzelnen Element des Materials, einem Einfall, einer Fehlleistung und dergleichen vornimmt. Eine Konstruktion ist es aber, wenn man dem Analysierten ein Stück seiner vergessenen Vorgeschichte [...] vorführt.[8]

Konstruieren, diese der Deutung nahe, aber bereits von ihr verschiedene Vorgehensweise, würde bedeuten, in der Sequenz der Phantasie eine gewisse Anzahl von signifikanten Elementen, an die die Begierde fixiert ist, miteinander zu verbinden. Was jene »Rekonstruktion« oder jene »Synthe-

---

7 Vgl. J. Laplanche und S. Leclaire (1961): L'inconscient, une étude psychanalytique (Das Unbewußte, eine psychoanalytische Studie). *Les Temps Modernes*, Juli 1961, und vor allem S. Leclaires Analyse des »Einhorn-Traumes«.

8 S. Freud (1937): Konstruktionen in der Analyse. *GW XVI*, S. 47.

se« betrifft, über die man oft geklagt hat, dass Freud sie nicht an den durch die Analyse bis in den Grund seines Lebens erschütterten Patienten herangetragen hat, so hat Freud dafür beständig seine Zuständigkeit abgelehnt. Hier führt der Gegner, Jung und die Zürcher Schule, auf zwei Fronten ein und denselben Angriff.

Manchmal fordert er freimütig vom Analytiker, dass er das, was seine »reduzierende« Deutung zerstört hat, ersetze, indem er dem Neurotiker neue Ideale »ethischer« und religiöser Natur (erbauen: eine fromme Rekonstruktion) anbietet. Manchmal präsentiert er, auf tückischere Art, sein religiöses Mahnen als Deutung, wenn nicht sogar als die einzig wahre Deutung. Dies ist der sogenannte »anagogische« Weg, der behauptet, die Freud'sche Deutung umzukehren, indem er ihr ihren »wahren« Sinn zurückerstattet, das heißt, indem er an die theologische Tradition anknüpft, wonach man sich von dem buchstäblichen Sinn der heiligen Texte zu deren »geistigem« Sinn zu erheben hat. Es sind die von der Freud'schen Analyse entdeckten Strukturen der Phantasien, die als solche zu – zu entziffernden – »Symbolen« werden:

> Der Ödipus-Komplex war nur »symbolisch« gemeint, die Mutter darin bedeutete das Unerreichbare, auf welches man im Interesse der Kulturentwicklung verzichten muss; der Vater, der im Ödipus-Mythus getötet wird, ist der »innerliche« Vater, von dem man sich freizumachen hat, um selbständig zu werden.[9]

Es ist nutzlos, zu betonen, dass dieses behauptete Umkehren der Freud'schen Perspektive sich leichtfertig über die psychoanalytische Methode – in genau dem Maße, in dem sie revolutionär und wissenschaftlich ist – hinwegsetzt, mit dem Ziel, zu einer mystischen Entzifferung des »Buches mit den sieben Siegeln« zurückzukehren. Ohne auf die Wirksamkeit der Jung'schen Therapeutik einzugehen, wollen wir nur festhalten, dass die Deutung, auf die sie sich zu gründen behauptet, letztlich nur darin besteht, die Begierde des Patienten einzufangen und seine Rede in einer anderen, und zwar in der des *Seelenarztes*, zu übernehmen.

---

9 S. Freud (1914): Zur Geschichte der psychoanalytischen Bewegung. *GW X*, S. 108.

2. Freud deuten?

Lesen – deuten. Zwischen diesen beiden Ausdrücken ist die theoretische Debatte über das, was man in der Presse die »Rückkehr zu Freud« nennt, angesiedelt. Ausdrücke, die ihrerseits der Deutung unterliegen … Denn mancher, der sich Freud-LESER nennt, veredelt diese Bezeichnung durch den Gebrauch von Großbuchstaben, die seine Weise zu lesen als die Einzige und Prophetische verewigen sollen. Und jener andere, der die Möglichkeit behaupten will, die Zeiten seiner Freudlektüre von jener der Deutung getrennt halten zu können, lässt – in seiner eigenen Methodologie – das beiseite, was wir bei Freud von der einen und der anderen lernen können.[10]

Die Stelle, wo tatsächlich der Schuh drückt, ist nicht die Frage, die das Recht des Nicht-Analytikers, Freud zu lesen, ihn darzulegen oder ihn zu deuten, betrifft,[11] sondern wo es darum geht, abzuschätzen, was man »lesen« und was man »deuten« nennt. Lesen? M. Tort hat den entscheidenden Einwand so ausgedrückt: Ist nicht jedes Lesen eines großen Autors notwendigerweise eine Deutung? »Das wahre Problem des ›Lesens‹ besteht auf keinen Fall darin, jegliche Deutung auszuschließen, sondern eine dem Text streng entsprechende zu konstruieren.« Und er zeigt, dass ein Lesen, das nicht mehr zu sein wünscht als ein Lesen, ein treues Vortragen, das pädagogisch darauf abzielt, sich an die Stelle des Textes selbst zu setzen, noch immer eine Deutung wäre, aber eine »Versäumnis-Deutung«. Fügen wir dieser Debatte zwei Beweisstücke, die Freud bzw. dem, was er sagt, und dem, was er macht, entnommen sind, hinzu.

---

10 Um der Debatte bezüglich des Werkes von P. Ricœur folgen zu können: *De l'interprétation, essai sur Freud* (*Die Interpretation. Ein Versuch über Freud*). In: M. Tort (1966): *De l'interprétation ou la machine herméneutique* (*Über die Deutung oder die hermeneutische Maschine*). *Les Temps Modernes*, Nr. 237/8 (Februar und März 1966) und P. Ricœur (1967): Une interprétation philosophique de Freud (Eine philosophische Deutung Freuds). *La NEF*, Nr. 31 (Juli–Oktober 1967).

11 Die Einschüchterung durch gewisse »Analytiker«, die Erpressung mit der nicht mitteilbaren Erfahrung, mit dem »Gelände«, mit der »Privatjagd« der Kur müssen wohl zu einer bedeutenden Vorherrschaft geführt haben, damit der Philosoph, sein souveränes Vorgehen (»homo sum …«) vergessend, sich zuerst Mut zusprechen muss, um Stirn zu bieten, indem er daran erinnert, dass es schließlich »Freud war, der sich auf unser Gelände begeben hat«. (*Und er ist Mensch geworden und er hat unter uns gewohnt …*)

Dem, was er macht, denn es passiert ihm, dass er selbst … ein Leser von Freud ist, dass er sein Denken entweder in der Form einer dogmatischen Darstellung oder in einer Entwicklungsgeschichte seiner Ideen synthetisch darlegt. So fesselnd in vieler Hinsicht diese Texte auch sein können, so tragen sie sicher ihren Teil an Verantwortung für den Verfall und die Verflachung der Lehre, für das Verkennen und die Verzerrung ihrer wahrhaften Geschichte. Und dies, obwohl Freud nicht einer jener Autoren ist, die von der Ausbeutung ihres vergangenen Werkes zehren. Die Sorgfalt, mit der er seinen *Abriß der Psychoanalyse* bis in die letzten Jahre seines Lebens verfasst, legt davon Zeugnis ab. Aber es liegt sicher in der Natur der Dinge, dass die systematische und synthetische Entwicklung, die nichts weiter als ein treues Abbild des Werkes zu sein wünscht, das Feld intellektuellen Mechanismen öffnet, die in einer anderen, »oberflächlicheren« Ebene liegen, als jene, welche in der Entdeckung und im ersten Wurf der Darstellung am Werke sind. Der von Freud in Bezug auf den Traum geprägte Begriff der »sekundären Bearbeitung« ist unmittelbar auf vielen anderen Gebieten zu benützen. Diese »Rücksicht auf Verständlichkeit« hat zum Ziel, einen Inhalt annehmbar zu machen in Hinsicht auf die moralischen, logischen, ja sogar ästhetischen Ansprüche des Wachlebens, in dem noch etwas (obwohl schon verformt) von der Lebendigkeit und der Unbezwingbarkeit der unbewussten Begierde zum Ausdruck kommt. Musterhaft am Werk im Traum, dessen Szenarium sie gestattet und – wie eine »Plattierung« – aufzwingt, ist diese »Rücksicht auf Verständlichkeit« auch, mehr oder weniger ausgeprägt, in jeder bewussten Produktion zu finden.

Eine intellektuelle Funktion in uns fordert Vereinheitlichung, Zusammenhang und Verständlichkeit von jedem Material der Wahrnehmung oder des Denkens, dessen sie sich bemächtigt, und scheut sich nicht, einen unrichtigen Zusammenhang herzustellen, wenn sie infolge besonderer Umstände den richtigen nicht erfassen kann. Wir kennen solche Systembildungen nicht nur vom Traume, sondern auch von den Phobien, dem Zwangsdenken und den Formen des Wahnes. Bei den Wahnerkrankungen (der Paranoia) ist die Systembildung das Sinnfälligste, sie beherrscht das Krankheitsbild, sie darf aber auch bei den anderen Formen von Neuropsychosen nicht übersehen werden. In allen Fällen können wir dann nachweisen, dass eine *Umordnung* des psychischen Materials zu einem neuen Ziel stattgefunden hat, oft eine im Grunde recht gewaltsame, wenn sie nur unter dem Gesichtspunkt des Systems begreiflich erscheint.[12]

Freud lesen und darlegen, meint P. Ricœur, besteht darin, »eine architektonische Rekonstruktion des Werkes« zu liefern, »ein Homologon, das heißt, im strengen Sinne des Wortes, ein stellvertretendes Objekt mit derselben Anordnung wie jener des Werkes zu erzeugen«.[13] Die unmittelbarsten Wirkungen der sekundären Bearbeitung offenbaren sich in dem, was das Manifesteste in einem Werk ist. Dies in der Absicht, verständlich zu sein, wenn auch nicht für den gesunden Hausverstand, verständlich, was die förmliche Gestaltung und die architektonische Anordnung betrifft. Wenn dem so ist, wie könnte da ein »reines« Lesen Freuds, angenommen, dass dies überhaupt möglich wäre, etwas anderes sein als das Verstärken der Filter-, Zensur- und Abdichtungseffekte, der Ich- oder sogar Über-Ich-Effekte, die bereits mit dem unvermeidlichen Lesen Freuds von Freud selbst begonnen haben?

Vom »Lesen« zum »Deuten« gelangen wir mit Ricœur von einem Extrem zum anderen: von der reinen und unmöglichen Objektivität zu »jener Übernahme in eine andere Rede«, für welche der Autor die Rechte, wenn auch nicht der individuellen, so doch jene einer philosophischen Subjektivität, beansprucht.

Ich sage keineswegs, daß nur eine einzige Philosophie fähig wäre, eine Aufnahmestruktur zu liefern, in der das Kräfte- und Sinnverhältnis seinen klaren Ausdruck finden könnte: Ich glaube, daß man »*das* Lesen Freuds« sagen kann; man kann nur »*eine* philosophische Deutung Freuds« sagen. Jene, die ich vorschlage, knüpft an die reflexive Philosophie an.[14]

---

12 S. Freud (1912): *Totem und Tabu*, *GW IX*, S. 117.

13 *La NEF*, No. 31 (Juli–Oktober 1967), S. 112.

14 In: *La NEF*, S. 119. Es gibt Ausdrücke, die wie gewisse Wein-Jahrgänge duften. Man spricht im Jahre 1967 von einer »Aufnahmestruktur« für die zukünftigen Waisen der U. N. R. (Partei der Gaullisten, A. d. Ü.) Aber hat Freud so »unsolide« gebaut, dass man es für nötig hält, ein oder mehrere Fertighaus-Obdachlosenheime einigen irrenden unglücklichen Freudianern anzubieten?

Die Offenheit, mit der Ricœur seine Deutung als eine von außen herangetragene, als Aneignung eines Denkens oder auch als »reflexives Übernehmen« definiert, sollte ihn jedoch nicht davon befreien, folgende Fragen zu beantworten: Was wird innerhalb dieser Auffassung von der Deutung aus *der Freud'schen Entdeckung der Deutung*? Freud hat für das, was er Deutung* genannt hat, behauptet, eine originale und, um es ohne Vorbehalt zu sagen, eine wissenschaftliche Methode geliefert zu haben, die ihre Begründung und Bestätigung in einer geduldig und streng geführten Erfahrung gefunden hat. Das ist entweder zwangsläufig im Grunde genommen nur eine neue Abart der ewigen Hermeneutik; oder man müsste uns erklären, warum *nichts* von dieser Freud'schen Methode, wenn auch nicht direkt brauchbar, so doch wenigstens transponierbar ist, wenn man selbst Deuter von Freud zu sein wünscht. Und es würde der Einwand nicht genügen, dass wir die Gebiete und Ebenen durcheinanderbringen: Die Deutung des menschlichen Individuums einerseits – die Deutung des Freud'schen Denkens andererseits. Denn, falls wir Ricœur richtig verstehen, ist es *dieselbe Art* von »Teleologie«, welche das Individuum Freud und den Freudismus »in eine Folge von Figuren (mitreißt), wobei jede einzelne dieser Figuren ihren Sinn in den folgenden findet«.[15]

In Ermangelung einer Antwort müsste man wohl schließen: Worauf Ricœurs eigene Deutungsmethode hinausläuft, ist genau das, was Freud stets zurückgewiesen hat und wogegen er anlässlich der Jung'schen Abweichung (und über sie hinaus) gekämpft hat: Die alte Hermeneutik religiöser Inspiration, die »Aufnahme« des Individuums im Schoße einer »Teleologie«, welche ihm als die höchste und wahrste Form seiner Konflikte dargelegt wird. Mit der Zürcher Schule befand sich das »Anagogische« vor dem Dilemma: für seine fromme, indoktrinierende Natur voll einzustehen oder unter der Maske der psychoanalytischen Deutung aufzutreten. Bei Ricœur erklärt sich die Hermeneutik offen als Übernahme einer Rede in das kontingente Anderssein einer anderen Rede (*eine* Deutung), ohne das Geringste zurückzubehalten, weder von dem, worauf die Freud'sche Vorgehensweise abzielte (»die unbewußten Wünsche auf ihren letzten und

15 In: *La NEF*, S. 124.

wahrsten Ausdruck gebracht«),[16] noch von den strengen und genauen Mitteln, welche jene Vorgehensweise sich zu geben verstand, um ihr Ziel zu erreichen.[17]

3. [Mit] Freud deuten

Wenn wir unsere Art und Weise, an den Freud'schen Text heranzugehen, eine »psychoanalytische« und »deutende« nennen, so nicht in dem Sinn, wie es ein Ernest Jones in seiner Biografie von Freud auffasst, soweit er sich – das muss man wohl anerkennen – von den von Freud selbst gegebenen Angaben leiten lässt. Das Schema, das Freud manchmal für ein psychoanalytisches Studium des Denkens, für eine Psychografie von Künstlern, von Philosophen usw.[18] vorschlägt, kann keineswegs als das letzte Wort der Psychoanalyse zu dieser Frage betrachtet werden. Zwischen der Reduzierung des Denkens auf rein subjektive Bedingungen, die von der Kontingenz einer individuellen Geschichte abhängen, einerseits, und der einfach nur rationalen Kritik dieses Denkens andererseits, findet Freud niemals mehr als einen geschickten Kompromiss: Die Psychoanalyse, so sagt er uns, legt den Finger auf die schwachen Punkte dieser oder jener Theorie, aber es ist Sache der rationalen Kritik, der immanenten Kritik, diese von einer anderen Disziplin aufgedeckten Schwächen nachzuweisen.

Auf Philosophen (und von Jones auf Freud selbst) angewendet, vergisst diese Methode offensichtlich einen der wesentlichen Punkte der Freud'schen Entdeckung: Der Neurotiker mit seinen Symptomen und mehr

16 S. Freud (1900): *Die Traumdeutung. GW II/III*, S. 625.

17 Um die »teleologische Dialektik«, welche eine »Übernahme« des Freudismus gewähren würde, zu erläutern, ist der Bezug auf Hegel bei Weitem nicht eindeutig. Die besten und die überzeugendsten unter Hegels Analysen sind jene, in der sich die neue »Gestalt«, die Deutung in einem fesselnden, aufmerksamen und hartnäckigen, in Berührung mit der Buchstäblichkeit der vorhergehenden »Gestalt« stehenden Aufenthalt aufzwingt. Aufgrund dieses »platt bodennahen« Aspekts der »Lese«-Arbeit kündet Hegel zweifellos die »reduzierende« Deutung Freuds an.

18 S. Freud (1913): Das Interesse der Psychoanalyse. *GW VIII*, S. 389ff.

noch der Denker (bis zu gewissen Abweichungen seiner Gedankengänge) müssen irgendwie Recht haben. Eine psychoanalytische Psychografie, die eine solche Maxime stets ernst nehmen würde, kann nicht in etwas rein Kontingentes, in etwas Sinnloses ausmünden, sondern in eine Begierde, deren Figuren und Gründe auf ein Bruchstück einer allgemeineren Kombinatorik weisen.[19]

Es bleibt jedoch die Tatsache bestehen, dass eine Psychoanalyse des Denkers und seines Werkes immer auf den grundsätzlichen Einwand stoßen wird: Wir befinden uns außerhalb der Kur, und die Kur ist die Hauptbedingung dafür, dass die Methode angewendet wird. Und selbst wenn man versuchen will, sich darüber hinwegzusetzen (wie es Freud, zum Beispiel, mit dem Präsidenten Schreber gemacht hat), muss man gestehen, dass im Falle Freud die biografischen Elemente, über die wir verfügen, unglaublich unvollständig, empörend zerstückelt und (zuallererst vom Autor selbst) zensiert sind.

Das Gewicht dieser Einwände ist beachtlich, aber es lastet uneingeschränkt nur auf dem Plan einer psychoanalytischen Psychografie von Freud. Das Unternehmen, dessen Vorbedingungen wir hier skizzenhaft andeuten, ist ein anderes: die Freud'sche Methode der Analyse des Individuums und seiner Begierde auf die *Anforderungen* eines Denkens oder auf das, was auf dem Gebiet der diskursiven Rede am meisten mit dieser Begierde *verwandt ist,* »mutatis mutandis« zu transponieren. Genauso wie wir nur bruchstückhafte Angaben in Bezug auf die Methode der psychoanalytischen Deutung in der Kur gegeben haben, genauso können wir uns hier nur auf einige Fragen der Methode beschränken.

Das im Sprechzimmer des Psychoanalytikers durchgeführte Abbauen des Denkens und des Ausdrucks, die ständig wiederholte Behauptung, das »Unbedeutende« und die Grundsatzerklärung, den Teil und das Ganze usw. in dieselbe Ebene zu stellen, das alles bildet eine heilsame methodologische Regel. Sie ist heilsam insofern, als sie die sekundären Ausarbeitungen und die Tarnungen der Vernunft hinterrücks angreift und damit anderen

19 Vgl. den Versuch in unserer Arbeit: J. Laplanche (1975): *Hölderlin und die Suche nach dem Vater*. Stuttgart.

Bedeutungsnetzen erlaubt, in Erscheinung zu treten. Diese Regel, die man auch »Prinzip der gleichbehandelnden Analyse« nennen könnte, führt zu einem erneuerten Berücksichtigen der Buchstäblichkeit. Ohne dass natürlich die Buchstäblichkeit des Gedankenganges zu vernachlässigen wäre, muss sie der Buchstäblichkeit des Begriffes gegenübergestellt und aufgewogen werden. Eine mit J.-B. Pontalis durchgeführte Arbeit[20] hat uns erlaubt festzustellen, wie sehr das Zerlegen eines Denkens, weit davon entfernt, zu einer formlosen Baustelle zu führen, es uns ermöglichte, die Schärfe der Freud'schen Vorgehensweise im Bezug auf die Schöpfung und den Gebrauch der Begriffe hervorzuheben.

Das Werk in alle Richtungen zu durchfurchen, ohne irgendetwas darin a priori zu übergehen oder zu privilegieren, das ist vielleicht für uns das Äquivalent der Grundregel der Kur. Sobald diese aufgestellt und angewendet wird, können zahlreiche Mechanismen oder Verfahren des Unbewussten, die in der psychoanalytischen Deutung der Neurose oder des Traumes entdeckt worden sind, auf der Ebene des Werkes wiedergefunden werden:

Die Absurdität eines Details kann, wie wir gesehen haben, die Gesamtheit eines Traumes mit dem *Symbol der Verneinung* versehen. In der Geschichte des Freud'schen Denkens findet man diese Verfahrensweise des Unbewussten nicht selten. So zum Beispiel versichert Freud, wenn er im Jahre 1895 die Begriffe der *gebundenen* und der *freien Energie* einführt, die sich zur Grundlage der Lehre entwickeln werden, dass er damit nicht mehr tut, als den von Breuer eingeführten Gegensatz zwischen zwei Arten zerebraler Energien zu übernehmen: die tonische und ruhende Energie und die kinetische Energie. Nun fallen uns hier aber drei Punkte ins Auge: 1. Freud hält es für vorteilhaft, andere Ausdrücke als jene Breuers zu gebrauchen. 2. Die Ausdrücke, die *er* gebraucht, hat er in Wirklichkeit von der Physik eines Helmholtz übernommen, wo sie in einem, Freud und Breuer selbst vertrauten, präzisen Sinne gebraucht werden. 3. Der Freud'sche Gebrauch dieser Begriffe ist, im Verhältnis zum Gebrauch, den Helmholtz von ihnen macht, unsinnig und sogar absurd, da die freie Energie Freuds ungefähr der gebundenen Energie eines Helmholtz, und vice versa, entspricht. Für uns ist

20 J. Laplanche, J.-B. Pontalis (1972): *Das Vokabular der Psychoanalyse*. Frankfurt a. M.

das ein Zeichen, dass es eine Verschiebung zu erkennen, eine Umkehrung zu korrigieren gilt: Was Freud auf diese Weise unbewusst mit dem Zeichen der Kritik versehen will, ist die Theorie Breuers, von der er ständig vorgibt, dass er mit ihr einverstanden ist.

Das Vergessen, im Sinne der Verdrängung, dafür finden wir ein massives Beispiel mit der Freud'schen Theorie der Entstehung der Sexualität oder des Triebes, da Freud, nachdem er in so treffender Weise in den *Drei Abhandlungen zur Sexualität* die Entstehung der Sexualität, ausgehend von jedweder Tätigkeit des menschlichen Individuums (eine Entstehung, die von Ausdrücken wie Autoerotismus, Anlehnung, polymorphe Perversität usw. gekennzeichnet ist), beschrieben hat, schließlich mit seiner Theorie vom »Es« den Trieb anscheinend in das Gebiet der Natur und des Biologischen verlegt. Der Psychoanalytiker kann sich angesichts eines massiven Vergessens, das sich bei den Nachfolgern Freuds fortsetzen wird, der Deutung nicht entziehen. Dieses Vergessen ist für ihn nur der Ausläufer, die intellektuelle Erscheinungsform einer fundamentalen Verdrängung: Jene, mittels derer der Trieb schließlich – im Vergessen seines infantilen und intersubjektiven Ursprungs – dem Individuum wie eine Natur erscheint; ein Trieb, der, nach komplexen und vom Zufall abhängigen Umwegen, in eine *gleichsam* instinkthafte Regulierung der sexuellen Tätigkeit des Individuums mündet.

Gleichwertige oder permutierende Signifikanten und Signifikate, Objekte und Ausdrücke, offensichtliche Verwechslung zwischen der Ebene der Realität[21] und der Kausalität einerseits und der Ebene der Metapher andererseits: Dies alles muss »eingerenkt«, analysiert und gedeutet werden. Wenn ausgesagt wird, dass das »Ich nicht nur eine Oberfläche, sondern die Projizierung einer Oberfläche ist«, ist es beispielsweise nutzlos, die grobe Verwechslung zwischen dem räumlichen Modell des psychischen Apparates, auf dessen Oberfläche sich das Ich angeblich befindet, und dem wirklichen Prozess der Projizierung (im zugleich geometrischen und neurologischen Sinne), der sich diesem Modell aufgrund einer zu offensichtlichen

21 Wir gebrauchen ebenso wie eine gewisse Anzahl anderer Autoren in sehr verschiedener Weise die Ausdrücke Wirklichkeit (effectivité, oder réalité effective) und Realität (réalité).

Naivität des Gedankenganges hinzufügen soll, zu denunzieren. Man muss dahin kommen, zu verstehen, dass es auf der einen Seite zwischen den von Freud vorgeschlagenen Metaphern und den unbewussten Metaphern, die durch die Deutung seines Denkens aufgefunden werden können, und auf der anderen Seite jenen Arten von verwirklichten Metaphern (die Identifizierungen zum Beispiel), welche die Psychoanalyse als das menschliche Wesen begründende Metaphern entdeckt, komplexe Beziehungen und engmaschige Verflechtungen gibt.

Man sieht, wie eine solche Deutungsweise sich in einer Distanz zum Manifesten halten sollte, wie sehr sie all dem misstrauen sollte, was in der Lehre »ich-hafte« Umgestaltung ist. Bedeutet dies, dass der methodische und kritische Gebrauch eines »Abtragens und Einebnens« der Signifikanten des Werkes das endgültige Ablehnen jeglicher Perspektive – der historischen oder architektonischen – voraussetzt? Man wird uns verzeihen, dass wir dieses komplexe Problem hier nur erwähnen werden.

Vielleicht sollte, in einem von der Freud'schen Entdeckung beeinflussten deutenden Herangehen, der Begriff der Geschichte (Historie eines Denkens) auf einer anderen Ebene übernommen werden: auf jener einer »Historik« (in dem Sinn, in dem man von Problem zur »Problematik« übergeht). Die Historik, weit davon entfernt, einfacher als die Geschichte, weit davon entfernt, das *Geometrale*[22] zu sein, das in einer idealen Weise den Übergang von einem »Systemzustand« zu einem anderen »Systemzustand« belegen könnte,[23] wäre komplexer, indem sie sich mehreren Ebenen gemäß entfalten würde. Aber um die Grundsätze davon darzulegen, wäre es zunächst angebracht, die vielfältigen Funktionen des Widerspruchs zu prüfen und die auf Wiederholung gegründete Instanz der Begierde in ihrer Rolle und hauptsächlichen Bedeutung zu bestimmen.

Das Architektonische? Dieser Ausdruck ist zu sehr mit den Ideen des Systems, der schönen Anordnung, der Harmonie verbunden, sodass der

22 Begriff aus der Architektur. Er gibt die Dimension, die Form und die Position der Teile eines Bauwerkes an. (A. d. Ü.)

23 Vgl. P. Ricœur: *La NEF*, S. 115.

Analytiker nicht anders kann, als ihn mit einigem Misstrauen zu betrachten. Er zieht ihm oft den Ausdruck »Struktur« vor, den Jean Pouillon, jenseits der in Mode stehenden Schwärmerei, kürzlich in einem besonders überzeugenden Aufsatz definiert hat.[24] Dieser Definition fügt die Freud'sche Psychoanalyse einen, mit ihrer Methode verbundenen Akzent hinzu. Die Struktur kann nicht mit der Form oder dem System gleichgesetzt werden, und zwar in dem Maße nicht, in dem letztere insbesondere ein Gleichgewicht zwischen solcher Art Teilen voraussetzen, indem die Gewichte der Teile im Bezug auf ihre gleichsam volumetrische Bedeutsamkeit innerhalb der Gesamtheit abgeschätzt werden können. Eines der Ergebnisse der Freud'schen Deutung besteht, wie wir gesehen haben, darin, den Gesichtspunkt des Einordnens, der Unterwerfung des Teiles unter das Ganze usw. abzuwerten, indem zum Beispiel gezeigt wird, wie ein winziges, aber bedeutungsvolles Detail des manifesten Systems auf der Ebene des Unbewussten beachtliche »energetische« Massen ausbalancieren kann. Die Struktur ist bei Freud (das heißt sowohl in seinem Werk als auch in seinem Objekt) ein binäres oder ternäres Gleichgewicht zwischen Elementen, denen es im Laufe der Geschichte passieren kann, dass sie gänzlich verschoben und mit einer ganz anderen Funktion besetzt werden, obwohl sie im manifesten Werk denselben Namen und anscheinend dieselbe Natur bewahren. Um nur ein Beispiel heranzuziehen: es ist unmöglich, die Bedeutung des Lustprinzips, über die manchmal ungeschickten Formulierungen Freuds hinaus, wiederzufinden, ohne die strukturellen Umstürze, die gleichsam kaleidoskopischen Besetzungsänderungen zu berücksichtigen, die zu diesem augenscheinlichen Paradoxon führen: Das Lustprinzip, das am Beginn des Freud'schen Werkes auf der Seite des Geschlechtstriebes seinen Platz hat, wird zu einer anderen Zeit dem Todestrieb angeschlossen, um sich schließlich als Regulationsprinzip von *Eros* wiederzufinden, jener aufbauenden und Synthesen erzeugenden Kraft, die (am Ende des Freud'schen Werkes) von dem, was im Jahre 1905 als Sexualität beschrieben wurde, sehr verschieden ist.

Unter der Bedingung, dass man, was die Methode selbst betrifft, dem Freud'schen Denken vollständig Rechnung trägt, ist eine strukturale Ge-

24 *Les Temps Modernes*, Nr. 246 (Nov. 1966).

schichte des Freud'schen Denkens vielleicht möglich. Sie setzt als nötige Bedingung voraus, dass man bei einem Werk und seinen Sackgassen verweilt, dass man restlos die Zeit einer »reduzierenden« Analyse akzeptiert. Kann man ihr vorwerfen, dass sie in relativ fixierte Ansichten mündet, und zwar in dem Maße, in dem sie schließlich dazu führt – durch die Mutationen der Theorie hindurch –, eine Permanenz des Anspruchs zu zeigen, d. h. die Permanenz einer Entdeckung, die ihre angemessene *wissenschaftliche* Form vielleicht erst noch zu finden hat?

Der Strukturalismus vor der Psychoanalyse

Für dieses Seminar[1] werde ich eine gewisse Anzahl von Themen zur Diskussion vorschlagen, ohne jedoch zu versuchen, sie systematisch einzuordnen. Ich werde mich gegebenenfalls auf gewisse Schriften von mir beziehen, die in der Zeitschrift *Psychanalyse à l'université* veröffentlicht worden sind.

1. Die »Welle« des Strukturalismus ist schon vor mehr als 20 Jahren über Europa gebrandet. Zunächst ausgehend von der Linguistik, dann von der Ethnologie, hat sie die Psychoanalyse mitgerissen. Gegenwärtig ebbt sie wieder ab. Es ist Zeit, Bilanz zu ziehen – positiv und negativ –, indem man sich auf den *Standpunkt* der Psychoanalyse und ihrer Eigentümlichkeit stellt.

2. Die strukturalistische Psychoanalyse eines Lacan scheint in den USA gleichbedeutend mit der französischen Psychoanalyse gewesen zu sein. Ist der »French Freud« ein ausschließlich strukturalistischer Freud?

   Der Verantwortliche dieses Seminars, wenn er auch am »French Freud« teilhat, lässt sich keineswegs in den Strukturalismus einreihen, im Sinne wie ihn Lacan versteht, nämlich: »Die Effekte, die die bloße Kombinatorik des Signifikanten in der Realität, wo sie entsteht, bestimmt.«[2]

3. Das Wort »struktural« wird im psychoanalytischen Englisch klassischerweise verwendet, um den Teil der Metapsychologie zu bezeichnen, der sich mit der *Topik* des psychischen Apparates beschäftigt.[3] Es wurde

---

1 Diskussionsbeitrag zu einem Seminar der Universität von Kalifornien, Berkeley, April 1979: Le structuralisme devant la psychanalyse. *Psychanalyse à l'université*, Tome 4, no. 15, Juin 1979.

2 J. Lacan (1966): Réponse au rapport de D. Lagache (Antwort auf den Bericht von D. Lagache). In: *Ecrits*. Paris, S. 649.

3 Vgl. zum Beispiel: Hartmann, Kris und Loewenstein.

schon wiederholt gesagt, dass ein solcher Wortgebrauch nichts mit dem Strukturalismus zu tun hat. Diese Zweideutigkeit erlaubt es, eine grundlegende Fragestellung zu eröffnen: Ist eine strukturalistische, ja sogar topologische, mathematische Topik, in dem Sinne, wie es die Lacanianer möchten, möglich und ihrem Gegenstand angemessen?

Die Tori, die Möbiusbänder, die boromäischen Knoten usw. bieten rationale Figuren des Gegenstandes der Psychoanalyse an. Vielleicht sogar zu rationale, falls es stimmt, dass sie von einer Missachtung dessen zeugen, was in jeder imaginären Darstellung des psychischen Apparates *anthropomorph* ist.

Meine These wäre folgende: Jede Topik ist *eine Topik,* die *vom Ich* ausgeht. Als solche ist sie notwendig imaginär, ebenso notwendig, wie sich das Ich und der psychische Apparat auf imaginäre Weise bilden. Die Veranschaulichungen der Topik – metaphorisch-metonymische Ableitungen der körperlichen Realitäten und der Lebensordnung – sind notwendig unvollkommen und widersprüchlich. Man kann das Ich nicht »umgehen«, und es genügt nicht, die Illusionen des Ichs zu denunzieren, um es zu überwinden oder abzuschaffen.[4]

4. Viele Aspekte bei Freud haben zur strukturalistischen Deutung und sogar zum strukturalistischen Zwangsanschluss Anlass gegeben. Ich zitiere:

   a) Der Begriff der Urphantasie, welche der Art und Weise vorausgeht, wie jeder von uns auf seine Weise wie ein Musiker eine vorgefertigte Partitur interpretiert oder »deutet«. Der Konflikt wäre immer nur die Weise, wie es einem Individuum gelingt, mit der Struktur »auszukommen«.[5]

---

4 J. Laplanche (1976): Faire dériver la sublimation. *Psychanalyse à l'université*, Tome 2, no. 7 und no. 8. Vgl. no. 8. S. 569–570 und 567–604.

5 J. Laplanche, J.-B. Pontalis (1972): *Das Vokabular der Psychoanalyse*. Frankfurt a. M., Artikel »Urphantasie«; vgl. auch den Artikel: fantasme originaire, fantasme des origines, origines du fantasme. In Zusammenarbeit mit J.-B. Pontalis. *Les Temps Modernes*, April 1964, no. 215, S. 1133–1168.

b) Die Vorherrschaft und die Universalität des Ödipuskomplexes. Diese Vorherrschaft wird von Freud als phylogenetischer Niederschlag der Erlebnisse der Urhorde gedeutet. Man kennt die Einwände gegen diese Theorie:

- historische Einwände;
- methodologische Einwände: Diese Theorie setzt den Ödipuskomplex, den sie zu begründen sucht, voraus;
- psycho-physiologische Einwände: Die Erblichkeit erlebter Erfahrungen ist mehr als umstritten. Dies umso mehr, als es sich um eine einzige Erfahrung handelt.

Wenn man diese Deutung Freuds *»überwinden«* und die Vorherrschaft des Ödipuskomplexes *bewahren* will, so ist man versucht, darin eine *strukturelle,* ja sogar mathematische *Notwendigkeit* zu sehen: Die »Zwei«, die Zweierbeziehung, würde die Gefahr der fortdauernden Nicht-Differenzierung zwischen Mutter und Kind darstellen; der dritte Term, der Vater, würde die Trennung, die Ordnung, die Logik, kurz: das Gesetz, einführen. Er ist dazu umso besser geeignet, als er eben abwesend ist: pater incertus, der tote Vater usw.[6]

c) Überträgt sich die ödipale Struktur als Struktur von einer Generation auf die andere? Diese Frage stellt sich zum Beispiel R. Girard: »Wie kann ein Dreieck reproduziert werden?« Dies ist eine übereilte Lektüre Freuds. Zwischen dem elterlichen Dreieck und dem Ödipuskomplex des Kindes besteht keinerlei strukturale Übereinstimmung, keinerlei rationale, »mathematische Umwandlung«. Der Ödipuskomplex reproduziert sich nicht selbst. So besteht z. B. die Identifizierung des Kindes mit dem Elternteil desselben Geschlechts nicht darin, »sich in dieselbe Position zu versetzen«: Freud ist der »Identifizierung mit dem Rivalen« gegenüber sehr skeptisch. Die Identifizierung ist immer

6 J. Laplanche, J.-B. Pontalis (1972): *Das Vokabular der Psychoanalyse*. Frankfurt a. M., Artikel »Der Ödipuskomplex«.

Identifizierung mit dem Liebesobjekt. Ein Ödipuskomplex, der nur direkt, »normal«, wäre, ergäbe eine Identifizierung mit dem Objekt: des Sohnes mit der Mutter. Damit der Ödipuskomplex zur Heterosexualität führt, muss die ödipale Konstellation auch umgekehrt, d. h. homosexuell sein![7]

d) Der Begriff der Kastration und seine wachsende Vorherrschaft im Werke Freuds:[8]

Die Theorie der Kastration ist fortschreitend aus einer infantilen Sexualtheorie (jener von Hans) zur »Theorie von Hans und Sigmund« (in dem Sinne, in dem man von dem »Gesetz von Weber und Fechner« spricht) geworden. Sie wird sogar zu einer Realität, da ja die »Verleugnung der Realität der Kastration« der Perversion zugrunde liegen soll.

Umgekehrt soll jedes Subjekt, besonders in der Analyse, dazu aufgefordert sein, »seine Kastration auf sich zu nehmen.« Die Kastration, klassifizierende Phantasie der phallischen Phase (jeder Mensch ist entweder phallisch oder kastriert), wird zur Grundlage einer »phallischen Logik«, welche nach dem binären Prinzip funktioniert. Dies entweder in der vereinfachten Freud'schen Form (ihn haben oder ihn nicht haben) oder in der komplexeren Lacan'schen Form: »sie ist, ohne ihn zu haben«, »er ist nicht, ohne ihn zu haben«. Diese Formulierung wird von Safouan und den Lacanianern als normativ angesehen: Will man »normal« sein, so kann man daran nicht vorbei.

e) Allgemeiner betrachtet, kann eine gewisse – oft binäre – klassifizierende Tendenz des Freudismus als eine Vorankündigung des Strukturalismus angesehen werden: Das Ich und das Es, der Triebdualismus, die nosografischen Klassifizierungen usw. Wir glauben dies nicht, und zwar in dem Maße, in dem es sich immer um Tabellen mit mehreren

---

7 J. Laplanche (1979): *Problématique I. L'angoisse* (3. Teil: Die moralische Angst). Paris: PUF.

8 ders.: Symbolisations. *Psychanalyse à l'université*, Tome I, no. I und no. 2, vgl. no. I, S. 15–28.

Zugängen handelt, und in dem Maße, in dem vor allem der Sinn der Übergangsformen, ja sogar die Dialektik, bewahrt sind. Zwischen den Idealtypen und der Realität sorgen die »ergänzenden Serien« für unmerkliche Übergänge und vor allem für unvorhersehbare Synthesen. Eine strukturalistische Psychoanalyse dagegen fühlt sich wohl in einem juridischen totalitären Binarismus ohne Nuancen, welcher immer durch Normativität gekennzeichnet ist:

das Normale und *das* Neurotische
das Neurotische und *das* Psychotische
das Neurotische und *das* Perverse
das Symbolische und *das* Imaginäre
der Penis und *der* Phallus
die Analyse des Signifikanten und *die* Analyse des Signifikats
die Analyse und *die* Psychologie
usw., usw.

5. Um mich hier an zwei genaue Beispiele zu halten, habe ich versucht, zu zeigen, wie ein wirklicher *Symbolisierungsprozess* – im gesellschaftlichen Leben, im persönlichen Leben oder in der Kur – reicher, zweideutiger und widersprüchlicher ist als das eindeutige Auf-sich-Nehmen einer, in Bezug zum »GESETZ« und zur »KASTRATION«, normativen Stellung.[9]

Nehmen wir z.B. die Riten des Übergangs und, insbesondere, die Beschneidung. Die Fruchtbarkeit einer wirklich symbolisierenden *Beschneidung* besteht darin, dass sie vielfältige Bedeutungen in sich einschließt und aufnimmt und dass sie der Bisexualität ihren vollen Platz einräumt.[10]

Ebenso das *phobische Symptom,* welches oft als eine positive symbolisierende Etappe, insbesondere beim Kind, betrachtet werden kann. Die Arbeit Freuds in der Kur von Hans besteht darin, dessen Symptom zu vertiefen und auszuweiten, und nicht, es auf den eindeutigen Sinn der Furcht vor der Kastration zu reduzieren.[11]

---

9 ebd.

10 a.a.O., zur Beschneidung (Tome I, no. 2, ab Seite 221).

11 a.a.O., zur Phobie (Tome I, no. 2, ab Seite 263).

6. Ich habe mehrmals Gelegenheit gehabt, mich zur Frage der Sprache zu äußern und, vor allem, zur Formel Lacans: »Das Unbewusste ist strukturiert wie eine Sprache.« Meine Distanz zu dieser Formel, eine Distanz, die immer klar hervorgehoben worden ist,[12] ist noch größer geworden:

a) Die Sprache, was immer man auch von ihr sagen mag, ist nicht so sehr strukturiert, wie man es behaupten möchte. Sie ist nicht das Modell einer vollkommenen, algorithmischen und binären Struktur.[13]

b) Das Unbewusste ist nicht aus Wörtern gemacht, sondern aus Sachspuren, wobei die Wörter selbst nur Dinge sind.[14]

c) Das unbewusste Funktionieren, unter seinem radikalsten Aspekt, ist gerade das Gegenteil der Struktur:
   - Abwesenheit der Verneinung;
   - Gleichzeitiges Vorhandensein der Gegensätze;
   - Abwesenheit des Urteils;
   - kein »Zurückhalten« oder keine Beständigkeit der Besetzungen.

d) Dass das Unbewusste im weitesten Sinne ein Phänomen der Bedeutung ist, das ist offensichtlich, aber es ist eine Art »Sprache«, die sowohl ihre Mitteilungsabsicht als auch ihre auf Referenten ausgerichtete Intentionalität verloren hat.

   Die analytische Arbeit sollte eben genau darin bestehen, ihm diese beiden Dimensionen zurückzuerstatten.[15]

---

12 J. Laplanche, S. Leclaire (1966): *L'inconscient: une étude psychanalytique, L'inconscient.* Kolloquium von Bonneval. Paris, Desclée de Brouwer, S. 95–117.

13 J. Laplanche: La référence à l'inconscient. *Psychanalyse à l'université*, Tome 3, no. 11 und no. 12, S. 607–611.

14 a. a. O., no. 11, S. 423–425.

15 a. a. O., no. 12, S. 602f.

e) Das Modell der Verdrängung, das ich einst in *Das Unbewusste, eine psychoanalytische Studie*[16] vorgelegt habe, scheint mir immer noch gültig zu sein, unter der Bedingung, dass man sich nicht für seine mathematische Sequenz interessiert, sondern vor allem für die realen Verzerrungen, die es unter verschiedenen Umständen erfahrt, das heißt dafür, *inwieweit es sich der Mathematik entzieht:*
   - reine Ableitung;
   - Symbolisierung;
   - Verdrängung.[17]

f) Schließlich wäre meine Formel über das Unbewusste eher: »Das Unbewusste ist Wie-eine-Sprache, aber nicht strukturiert.«

7. Das Einbrechen oder das Eindringen des logizistischen Strukturalismus in die Theorie des Unbewussten kann geklärt werden, indem man die Ausdrücke »digital« und »analog« gebraucht: Man denke zum Beispiel an die beiden so definierten Typen von Zifferblättern. Die analoge Ebene des Unbewussten ist die Ebene des Ichs und der mehr oder weniger totalen Objekte, welche eine Gestalt besitzen. Dies ist das, was gewisse Autoren abschätzig mit dem Begriff des Imaginären abstempeln. Die tiefste Ebene des Unbewussten (der »Todestrieb«) ist viel weniger gegliedert, sie besteht aus vereinzelten, nicht zusammenhängenden Elementen, aus bruchstückhaften Szenen, kurz, wenn man so will, aus getrennten Stücken. Aus dieser Diskontinuität konnte man folgern, dass das Unbewusste wie eine binäre Maschine funktioniert. Aber die Diskontinuität des Unbewussten, welches die Verneinung nicht kennt und sämtliche Erinnerungselemente nebeneinander fortbestehen lässt, hat nichts mit der binären Logik zu tun, jener Logik der »bits« (im Sinne der »binary digits«).

8. Das heißt, dass mir jeder Versuch, vom Unbewussten im Allgemeinen, ohne Bezug auf ein konkretes Subjekt (das Unbewusste eines Textes,

---

16 J. Laplanche, S. Leclaire: *L'inconscient: une étude psychanalytique*. op. cit.

17 J. Laplanche: *La référence à l'inconscient*. op. cit.

das Unbewusste eines Werkes, einer Sprache usw.) zu sprechen, höchst kritisierbar zu sein scheint:

– Rückkehr zum kollektiven Unbewussten Jungs;
– Vergessen von dem, was an der analytischen *Methode* der Deutung revolutionär ist;
– Nachsicht für die individuellen pseudo-poetischen Abschweifungen, Kalauer, Delirien, reine Willkür der Deutung.

Das Wortspiel des Analytikers, falls es nicht auf die Methode gegründet ist, »*findet nur in sich selbst seine Ermächtigung*«,[18] d. h. im Unbewussten seines Autors. Gibt es ein nicht-binäres Denken? Kann man das »Undenkbare denken?« Dies zu unternehmen war die Einladung oder vielmehr die Aufforderung Hegels an uns.

---

18 Anspielung auf Lacans Formel: »Der Analytiker findet nur in sich selbst die Ermächtigung (Analytiker zu werden).« (A. d. Ü.)

Eine Metapsychologie – von der Angst auf die Probe gestellt?

»Auf die Probe stellen«: Dieser Ausdruck, den ich als Titel für meinen Vortrag gewählt habe, würde es, unter mehr als nur einem Aspekt betrachtet, verdienen, dass man bei ihm verweilt. Zu allererst bedeutet es ein »Auf die Probe stellen« meiner Person, heute[1] über eine sich seit Jahren entfaltende Reihe von Gedanken zu berichten und dabei nur eine ziemlich begrenzte Anzahl von Problemen zu vertiefen. Eine spiralförmige Bewegung: So stelle ich mir manchmal dieses Vorwärtsschreiten vor: Die Spirale durchläuft regelmäßig, zyklisch, die in derselben Vertikale gelegenen Punkte. Eine auf eine einzige Ebene abgeflachte Spirale wird wieder zu einem Kreis, zu einem sich absolut identisch wiederholenden Kreis. Kein einziger Gedanke entkommt der Wiederholung, denn kein einziger Gedanke entkommt dem, was ich seinen »Anspruch« nenne. Der Anspruch ist nichts anderes als die Projektion unserer Wünsche und Begierden auf der intellektuellen Ebene. Ein fruchtbarer Gedanke wäre jener, der sich zumindest zeitweise von der Ebene des Kreises abheben und seine kreisförmige Bewegung in eine Vertiefung verwandeln könnte.

Und da ich mich, bevor ich an mein Thema herangehe, vorstellen wollte, möchte ich für mich in Anspruch nehmen, dass meine Arbeit auf dem Gebiet der Analyse zu jener gehört, die man »theoretische« nennt. Der Gegensatz zwischen Theorie und Klinik ist mir immer besonders hohl erschienen, vor allem wenn man sich auf die Klinik beruft, um jede begriffliche Vertiefung zurückzuweisen. Lieber als von Klinik spreche ich von Erfahrung, wovon die sogenannte Klinik nur ein künstlich abgetrenntes Bruchstück, eine Art Artefakt ist … Man braucht nur darauf zu achten, wie man sich in gewissen analytischen Texten auf die aus ihrem Zusammenhang herausgerissene »kleine klinische Tatsache« beruft, »damit es echt aussieht«, während sie gänzlich von unausgesprochenen theoretischen Voraussetzungen gegliedert und durchsetzt ist.

1 Dieser Vortrag wurde am 16. April 1979 an der Universität von Kalifornien, Berkeley, gehalten.

Erfahrung: Das ist, natürlich, die Erfahrung der analytischen Kuren, die uns jedoch unmittelbar auf unsere persönliche Erfahrung in der Kur verweist. Das ist aber auch, und zwar mit demselben Anspruch, das, was ich theoretische Erfahrung nenne, und für uns in erster Linie die Erfahrung Freuds und unsere Kontakte mit dem Freud'schen Denken.

Das Freud'sche Denken ist sicher *das* Modell der Spirale und der Erfahrung: Es ist ein Denken der Erfahrung und nicht etwa ein Denken des »experiment«. Ich möchte hier, nur nebenbei, eine Forschung erwähnen, die in einem meiner Seminare über die Methodologie des Beweises oder über die Rhetorik und die Kunst des Überzeugens in den analytischen Texten durchgeführt wird.

Was für eine Enttäuschung für einen neo-positivistischen Logiker; selbst bei Freud; was bewiesen werden will, wird niemals bewiesen; der Fortschritt, die Entdeckung sind immer anderswo, manchmal versteckt in einem kleinen Winkel des Textes. Die Argumente gehen daneben … und die benutzte Logik ist oft jene des »Kessels«. Seien Sie doch so neugierig und schauen Sie zum Beispiel nach, wie in der *Traumdeutung* die These der Wunscherfüllung zustande kommt! Ungeeignete Beispiele, untaugliche Gedankengänge, ein Sich-Berufen auf die Pseudo-Evidenzen des manifesten Inhalts … ohne dabei die widersprüchlichen Zusätze in den verschiedenen Neuauflagen des Werkes zu berücksichtigen … und, *last but not least*, eine Art von Blackout, den Freud bei der Analyse seiner eigenen Träume hat, vor allem sobald sie auf das sexuelle Wünschen stößt. Und dennoch, es funktioniert: Der Anspruch, der Trieb würde ich sagen, ist stärker als alle diese Artefakte. Die Wunscherfüllung* bleibt siegreich.

Meine persönliche Erfahrung? Sie ist also eine der Theorie; genauer gesagt, ist sie eine Erfahrung meines inneren Anspruchs, so wie er sich in der Theorie bricht. Aber wie soll man die Theorie handhaben, wenn man darin etwas anderes sucht als einwandfreie, logische Verknüpfungen? An diesem Punkte stellt sich der Ausdruck »auf die Probe stellen« wieder ein. Die Theorie auf die Probe stellen bedeutet nicht, danach zu streben, sie »anzuwenden«. Eine Theorie (oder eine Deutung) anwenden, bedeutet übrigens nie, mit ihr künstlich die Fakten zu »furnieren«. Nein! Eine Theorie auf die Probe stellen ist nicht so neutral, so wissenschaftlich »vergeistigt«. Es bedeutet, ganz im Gegenteil, ihr hart zuzusetzen, sie zum Knirschen und Kreischen zu bringen, sie die unerträglichsten Lasten tragen zu lassen; nicht, um sie ganz einfach zu zerstören, um ihr eitles Wesen und ihre Widersprüche zu zeigen, sondern vielmehr, wenn man so sagen darf, um ihr »die Seele bloßzulegen«.

Nach diesem Umweg komme ich nun zu meinem Thema. Denn welches Folterwerkzeug – oder welche Belastungsprobe – wäre besser dazu geeignet, die Wahrheit der psychoanalytischen Theorie bloßzulegen, als die Probe der Angst? Die Angst, tagtägliche Erfahrung in unseren Kuren, tagtägliche Erfahrung unseres eigenen Unbewussten, eine Erfahrung, die wie eine Frage, deren Antwort niemals sicher ist, auch das Werk Freuds vom Anfang bis zum Ende durchzieht. Also eine auf die Probe der Angst gestellte Metapsychologie …

Die Metapsychologie ist für uns, wie Sie wissen, weniger in Kapitel als in »Gesichtspunkte« unterteilt: den topischen, ökonomischen, dynamischen und schließlich den genetischen. In Gesichtspunkte, die einander überdecken und überschneiden mit, meiner Meinung nach, zwei hauptsächlichen Affinitäten: einerseits das Topisch-Ökonomische, da das Studium der Triebe untrennbar ist von den Orten, in denen sie ihre Kräfte entfalten, und andererseits das Dynamisch-Genetische.

Was das Problem der Triebe betrifft, so wird mein Auftakt absichtlich schroff und polemisch sein, und zwar in Anspielung auf jenen anderen metapsychologischen Gesichtspunkt, den seinerzeit Rapaport, gestützt auf Heinz Hartmann, zu den vier klassischen hinzufügen und sogar als vorherrschenden betrachten wollte: »den Gesichtspunkt der Anpassung«. Um mich mit Humor auszudrücken, würde ich sagen: So wie beim Militärdienst ist die Antwort auf den Appell der »metapsychologischen Gesichtspunkte bezüglich der Angst«, wenn der Name »Anpassung« erschallt: »abwesend«. Gewiss vereinfache ich, mit dem einzigen Ziel, eingangs meine Position klarzustellen: Es handelt sich um ein offenes Bestreiten der These von »Hemmung, Symptom und Angst«, die eine echte Umkehr im Freud'schen Denken anzeigte und zwar deswegen, weil der Begriff der wirklichen Angst in den Vordergrund geschoben und die Realangst*, die als primär im Verhältnis zur Triebangst* aufgefasst wird, eingeführt wurde. In diesem reichhaltigen und fesselnden, aber ziemlich zweideutigen und sogar widersprüchlichen Werk scheint mir ein fruchtbarer Weg verlassen und sogar bedrohlich in sein Gegenteil gekehrt zu sein: die Gedankenreihe, die, über die *Einführung in die Psychoanalyse*, Kapitel XXV (eine zu leichtfertig vernachlässigte Darstellung, und zwar unter dem Vorwand, dass sie in ein Werk populärwissenschaftlichen Rufs Eingang gefunden hat), in *Jenseits des Lustprinzips* ihren Gipfelpunkt gefunden hat.

Akzeptieren wir als Ausgangspunkt die Freud'sche Unterscheidung zwischen den drei Affekten: Schreck – Angst – Furcht*; die semantischen Abweichungen und Überschneidungen dieser drei Ausdrücke, auch in den verschiedenen Sprachen, können unserem Denken zur Orientierung dienen und uns helfen, zu der Vielseitigkeit und Vielschichtigkeit der Phänomene Zugang zu finden. Führen wir als typisch an:

- den Schreck der Schreckneurose oder der traumatischen Neurose
- die Angst der Angstneurose
- die Furcht … werden wir sagen: der Phobie? Aber sie wird sicher nicht ohne Grund als Angsthysterie* und nicht als »Furchthysterie« bezeichnet.

Wir würden, als Beispiel von Furcht, eher die Furchtreaktionen gegenüber einer wirklichen Gefahr nehmen. Aber dies nur insoweit, als eine solche Angst im reinen, nicht mit Angst vermischten Zustand isoliert werden kann: Genau hier befindet sich einer der wichtigsten Aspekte des Problems.

Unter diesen drei Affekten ist der Schreck das fixe Glied, eindeutig, relativ leicht einerseits in seinen Äußerungen zu erfassen und andererseits als desorganisierter Zustand, als Ergebnis eines unkontrollierbaren Zustroms von Reizen zu bestimmen. Das Verhältnis zwischen Angst und Furcht bleibt hingegen ein schwankendes, selbst wenn wir, oberflächlich betrachtet, jene Unterscheidung akzeptieren, wonach der Begriff der Angst das Objekt außer Betracht lässt und die Vorbereitung auf die Gefahr betont, während die Furcht »ein bestimmtes Objekt, das man fürchtet«, voraussetzt. Sehr schnell erweist sich insbesondere das Unterscheidungsmerkmal der Beziehung zum Objekt als ungenügend, da wir es in der Phobie mit einer Angst vor* … etwas oder jemandem zu tun haben.

Die Frage nach der zeitlichen Priorität der Furcht oder der Angst ist also zu stellen, und die einzig korrekte Art und Weise sie zu stellen, besteht darin, sie in Bezug zur sogenannten Anpassung, dem zentralen Bezugspunkt von »Hemmung, Symptom und Angst«, zu stellen. Der Zweckmäßigkeit* oder Anpassung an eine natürliche Finalität setzt sich die Unzweckmäßigkeit* entgegen, die nicht nur das Unangepasstsein bezeichnet, sondern auch die Tatsache, dass ein Abwehrmodus sekundär ungeeignet, anachronistisch *wird*. Davon ausgehend, lautet unsere Fragestellung nun so: Ist die Angst des menschlichen Wesens eine ehemals nützliche Furcht, welche später unangepasst geworden ist, selbst wenn sie sich sekundär ein neues Objekt oder eine neue Gefahr als Vorwand gesucht hat? Oder ist vielleicht die an eine wie auch immer geartete wirkliche Gefahr nicht angepasste Angst das primäre Phänomen?

Das Existieren oder das Nicht-Existieren einer Furcht (im Sinne der Anpassung) beim Kind ist eine gleichsam experimentelle Frage, und es ist erstaunlich, dass sich Freud nicht fest und konstant an das von ihm vorher so deutlich hervorgehobene Offensichtliche gehalten hat: das Nicht-Existieren beim Kind von auf Anpassung ausgerichteten, »instinkthaften« Verhaltensschemata angesichts wirklicher Gefahren. Ich zitiere hier den so wichtigen Text der *Einführung in die Psychoanalyse*:

> Von richtiger Realangst scheint das Kind wenig mitzubringen. [...] Es wäre sehr wünschenswert, wenn es mehr von solchen lebensschützenden Instinkten zur Erbschaft bekommen hätte; die Aufgabe der Überwachung, die es daran verhindern muss, sich einer Gefahr nach der anderen auszusetzen, wäre dadurch sehr erleichtert. In Wirklichkeit aber überschätzt das Kind anfänglich seine Kräfte und benimmt sich angstfrei, weil es die Gefahren nicht kennt. Es wird an den Rand des Wassers laufen, auf die Fensterbrüstung steigen, mit scharfen Gegenständen und mit dem Feuer spielen, kurz alles tun, was ihm Schaden bringen und seinen Pflegern Sorge bereiten muss. Es ist durchaus das Werk der Erziehung, wenn endlich die Realangst bei ihm erwacht, da man ihm nicht erlauben kann, die belehrende Erfahrung selbst zu machen.[2]

Die jüngere Verhaltensforschung beschreibt im Detail diese angeborenen Verhaltensschemata beim Tier: so, zum Beispiel, die Furcht vor der Tiefe bei gewissen Vogelgattungen, die in Steilwandlöchern nisten. Versetzen Sie ein

2 S. Freud: *GW XI*, S. 423.

Baby in eine ähnliche Lage: Die Tiefe wird nicht einmal einen Sinn für das Baby haben.

Was also meiner Meinung nach zeitlichen Vorrang hat, ist die nicht ans Reale angepasste Angst und nicht die Furcht oder Realangst. Die Angst kann jedoch jede sogenannte »normale« Furcht infizieren, sie kann sich in der Phobie als Realangst verkleiden. Gehen wir, mit Freud, einen Schritt weiter: Es ist vielleicht einzig die un-reale Angst, die das Kind auf die Bahn jenes Ersatzes* für die instinktiven Verhaltensschemata bringt, den sich sein Ich am Ende und so gut es kann verschaffen muss.

Ich möchte mich hier, wie auch Freud es manchmal tut, auf grammatikalische Kategorien stützen, d. h. genauer gesagt auf die »Formen« des Verbums: aktive oder transitive, passive, reflexive und auch die Form des Mediums in gewissen Sprachen, wie zum Beispiel im Griechischen.

– Die Furcht ist transitiv:
  ich fürchte … *
  ich fürchte … diese oder jene Gefahr.

Unglücklicherweise existiert beim Menschen anfangs diese transitive Furcht, die Wahrnehmung des »Werts« oder das auf Anpassung ausgerichtete Abzielen auf den »Wert« Gefahr nicht.

– Die Angst ist ursprünglich nicht transitiv, sondern reflexiv oder in der Form des Mediums:
  ich habe Angst*
  ich ängstige mich.*
– Der transitive Charakter der Angst, jene, die man im phobischen System beobachten kann, ist sekundär, indirekt:
  ich ängstige mich *vor* dem Pferde.*
– Beim Menschen ist die transitive Natur der Furcht, des Verbums »fürchten«,* vielleicht indirekt. Hinter dem Augenscheinlichen:
  ich fürchte das Pferd*
  zeichnet sich
  ich fürchte mich vor dem Pferde*
  ab, eine bloße Spielart von:

ich ängstige mich vor …*

oder, noch genauer ausgedrückt, von:

es ängstigt mich vor …

Wir finden also in der reflexiven Form, oder genauer gesagt: in der Form des Mediums, das exakte Schema der Angst:

es ängstigt mich vor dem Pferd.

Ist also die transitive Natur der Furcht beim Menschen eine Illusion? Im Allgemeinen ist dies wahrscheinlich, sicher trifft es jedenfalls auf die phobische Furcht zu. Vergessen wir nicht, dass die Psychoanalyse stets mittels der Zerstörung von Scheinwahrheiten und vor allem mittels der Zerstörung der Scheinwahrheiten einer Logik der Affekte Fortschritte gemacht hat. Was gibt es denn »Augenscheinlicheres« als die Trauer und dennoch, was für eine komplexe, verborgene Arbeit ist es, eine Arbeit ganz anderer Natur, die diese Trauer erklärt. Das gleiche gilt für die Phobie. Denn selbst wenn man sich darüber einigen kann, zu sagen, dass sie nicht in ihrem »wortwörtlichen Sinne« verstanden werden darf, so verbirgt ihre Erläuterung mehrere Fallen. Die bequeme Lösung bestünde darin, den Ursprung und so etwas wie die »Urfassung« einer phobischen Furcht in einer *verschobenen,* sozusagen wirklichen Furcht zu suchen, einer Furcht, die ihr wahres Objekt verloren hätte und die sich (wie Freud es anfangs ausdrückte) »in einer falschen Verknüpfung befände«. Was für eine Versuchung, vom Pferde des kleinen Hans direkt und in eindeutiger Weise auf den kastrierenden Vater oder auf die verschlingende Mutter zurückzugreifen. Nein, das Symptom ersetzt nicht eine Furcht durch eine andere, handlichere Furcht, wie Freud versucht war, in »Hemmung, Symptom und Angst« zu behaupten. Das Symptom ist Wunscherfüllung und nicht allegorische Inszenierung einer Furcht.

Wir wiederholen also unsere Behauptung der Priorität der Triebangst, des inneren Angriffs durch den Trieb. Aber glauben wir deshalb nicht, den Scheinwahrheiten ein Ende bereitet zu haben. Der Trieb selbst, so intern er auch sein mag, muss wohl durch Erfahrungen, die das Verhältnis zur Außenwelt ins Spiel bringen, gestaltet und sogar begründet werden. Wir hatten eine direkte Sequenz ausgeschieden, die, mittels der Erziehung, jenes »ich fürchte das Pferd« vom »ich fürchte den Vater« ableiten würde. Dies vielleicht nur deshalb, um zwischen dieser ersten und jener zweiten äußeren Furcht eine verinnerlichte, reflexive Furcht: »ich fürchte mich vor dem verinnerlichten Vater«, einzuschieben? Es fehlt mir hier die Zeit, um den Begriff der Verinnerlichung gründlicher zu diskutieren, und ich sehe mich gezwungen, so klar wie nur möglich folgende anscheinend widersprüchliche Behauptungen aufzustellen, die jedoch als gleichzeitig gültige aufrechtzuerhalten sind. Ja, die Beziehung zur Außenwelt ist zuerst und die ganze innere Welt, selbst die Triebe mit inbegriffen, bildet sich ausgehend von introjizierten, diesen Erfahrungen entnommenen Elementen. Aber gleichzeitig ist die innere Welt zuerst, und zwar in dem Sinne, dass die Phantasien, die die Sexualtriebe bestimmen, zu den Erfahrungen, von denen sie sich ableiten, in keinem vergleichbaren Maßstab stehen.

Ja, das wirkliche Objekt ist verloren und die sexuelle Phantasie bildet sich ausgehend von diesem Verlust. Aber gleichzeitig ist das Objekt der Phantasie, welches der sexuelle Wunsch in Gang bringt, nur ein entferntes, unkenntliches Derivat des Primärobjektes der Anhänglichkeit.

So liegt also in der primären Zeit der Introjektion der grundlegende Bruch, jener, der eine Welt des sexuellen Wünschens begründet, und zwar ausgehend von einem mehr oder weniger auf Anpassung ausgerichteten Verhältnis. Diesen Bruch, diese Introjektion, habe ich, nach Freud, so genau wie möglich zu beschreiben versucht, indem ich die beiden ein wenig vernachlässigten Begriffe – der Anlehnung und der Verführung – wieder in Gang gebracht und neu gedeutet habe. Jeder Widersinn ist hier möglich; und vor allem ein Ausdruck wie »Verinnerlichung« verleitet dazu, denn er lässt glauben, dass es ein äußeres Verhältnis ist, welches global und ohne wesentliche Veränderung ins Innere übertragen wird. So, zum Beispiel, würde sich eine *wirklich* verführerische Mutter in eine innere erregende Mutter umsetzen; eine *wirklich* fürchterliche Mutter oder ein *wirklich* fürchterlicher Vater würden sich als Triebfurcht oder Triebangst verinnerlichen.

Nun, was einem gelingen muss zu begreifen, ist Folgendes: Die Entstehung sowohl der inneren sexuellen Erregung als auch der mit ihr verbundenen Angst ist nicht von den Merkmalen des wirklichen Objektes abhängig, sondern von der Bewegung der Introjektion des »in sich selbst Hineinwerfens«. Alles, was in das »Innere«, in die Phantasie »hineinversetzt« wird, kann dies nur mit dem Zeichen, dem Stellenwert und unter dem Banner der sexuellen Erregung und der mit ihr verbundenen inneren Bedrohung werden.

Sie verstehen, dass ich vorhin gezögert habe, die Triebangst als reflexive Form zu bestimmen:

> ich ängstige mich,

oder vielmehr als Form des Mediums; so etwas wie:

> es ängstigt sich in mir.

Gewiss gibt es in jeder Erfahrung einen reflexiven verinnerlichenden Moment, aber der Irrtum besteht darin, zu glauben, dass

> ich ängstige mich

sich zum Beispiel direkt von einer Verinnerlichung des Angriffs durch den anderen oder von einer »Identifizierung mit dem Angreifer« ableiten lässt. Der innere Angreifer ist nicht der sekundär verinnerlichte äußere Angreifer: Er ist Angreifer und beängstigend, *weil* er innerer Angreifer ist, weil er, wie Freud es sagt, das Ich von *der* Seite aus angreift, von der es den Angriff nicht erwartet.

Topik und Ökonomik der Angst

Ich habe vorhin den Ausdruck das »*Ich*« eingeführt, was uns unmittelbar zum Problem der Topik bringt: Die Angst bringt notwendigerweise die großen Instanzen, das Ich, das Es und das Über-Ich, ins Spiel. Nicht, dass es, wie Freud manchmal erörtert, eine Angst des Es, eine Angst des Über-Ich und eine Angst des Ich gibt. Jede Angst ist Angst des Ich, das Ich ist »der wahre Ort der Angst«. Aber jede Angst ist die Übersetzung des von einer anderen Instanz kommenden inneren Angriffs: vom Es und auch vom Über-Ich.

Von der Angst sprechen bedeutet also zwangsläufig, dass man sich auf eine Topik als Theorie der Orte bezieht. Auf eine psychische, aber auch unmittelbar materielle Topik: Die Angst wird im Raum des Körpers gefühlt, und mehr als in jedem anderen Affekt sind es körperliche Abfuhren und Innervationen, welche die Angst kennzeichnen: Atembeschwerden, Beklemmungen in der Brust, Herzklopfen und Schwindel werden spontan in einer körperlichen Topografie angesiedelt. Die phobische Angst entsteht ebenfalls zwangsläufig inmitten einer Topografie; Abwehreinrichtung einer jeden Phobie im Raum, aber auch angsterfüllte Besetzung *des Raumes selbst* und besonders seiner Grenzen in der Agoraphobie: Der Raum als Ort der Angst ist vielleicht nur eine Projektion oder eine Ausdehnung des psychischen Raumes.

Jede Topik ist eine Topik des Ich, und jede Topik kann nur von den einfachsten Schemata ausgehen, zum Beispiel vom Schema des berühmten »Bläschens«, jene Protoplasma-Kugel, diesem Einzeller, der bald auf eigenartige Weise komplexer, ja sogar widersprüchlich werden wird.

Unser erstes Modell ist also das Modell eines Ich, einer Kugel oder eines homöostatischen »Tierchens« oder »Organismus«, der mit allen Mitteln versucht, sein Funktionsniveau und die diesem Niveau entsprechende Form wiederherzustellen. Man sieht, dass das Topische und das Ökonomische eng miteinander verbunden sind: Kein konstantes Niveau ohne die abgeschlossene Konfiguration einer Gestalt*, keine Gestalt* ohne Niveaugefälle, das zwischen seinem Inneren und dem Äußeren aufrechterhalten wird. Noch eine weitere Bemerkung: Das so aufgefasste Ich bildet, per definitionem, das Paradigma und das Gegenstück eines jeden Objektes, d. h. eines jeden »totalen« Objekts.

Der kritische Punkt eines derartigen Schemas ist folgender: Man versteht wohl die Homöostase eines Einzellers, der den von einer Peripherie kommenden Angriffen ausgesetzt ist; aber wie soll man denn die Homöostase des Ich veranschaulichen? Auch das Ich muss sein Niveau, seine innere Konstanz aufrechterhalten … anscheinend also gegen ein »Äußeres«. Die Angriffe jedoch, die diese Konstanz bedrohen, gehen selbst von dem innerhalb jener Grenze Gelegenen, von jener inneren Peripherie aus, wo sich der Konflikt mit dem Es abspielt.

Widersprüche?

Wenn es sich um Topik handelt, so berufen wir uns ganz offen auf das Recht des Imaginären zum Widerspruch. Falls es wahr ist, dass sich unser psychischer Apparat wirklich, in seinem Wesen selbst, mittels des Prozesses unserer Phantasie bildet, wie könnten sich da die Modelle, die wir nachträglich davon erstellen, von den Widersprüchen »der Sache selbst« befreien? Diesen Modellen fehlt, falls sie getreu sein wollen, zwangsläufig die Kohärenz: In ein und demselben Schema veranschaulichen sie die heterogensten Elemente und bringen sie in ein wechselseitiges Spiel: Körper, Psyche und Ich, Haut und Angst, Phantasie und Ödipuskomplex ... Kein einziges Freud'sches Schema, von dem Briefwechsel mit Fließ bis zu der *Neuen Folge der Vorlesungen*, entzieht sich dieser wesentlichen, grundlegenden Bedingung. Die Topik muss also einer gewissen Anzahl von Widersprüchen gegenüber offen bleiben oder zumindest mit ihnen auskommen; so, zum Beispiel: Das Es ist ein Außen und ein Innen. Ein »ins Fleisch eingepflanzter« Fremdkörper, das, worauf Freud mit seinem berühmten Schema aus der »Neue(n) Folge der Vorlesungen«, jenem berühmten »nach unten«, das heißt zugleich gegen den Körper und die Außenwelt offenen Ei, hinweist.

Und man findet denselben Widerspruch im Hinblick auf das Ich wieder, denn dieses hat zumindest zwei »Innere«: das »konstante« Innere, das es gegen die auf ihre Integrität gerichteten Angriffe aufrechterhält, und das Außen-Innen der Triebenergien.

Freud beschreibt uns manchmal das Ich als zwei Arten von symmetrischen Ansprüchen: den Ansprüchen der äußeren Wirklichkeit und den Ansprüchen des Es. Das Phänomen der Angst, bezogen auf das topische Schema und die »Grenzen« des Ich, zwingt uns, wichtige Korrekturen an dieser offenbaren Symmetrie vorzunehmen. Das Ich ist nicht, wie die Protoplasma-Kugel, deren Metapher sie ist, unmittelbar den Angriffen und Energiezuflüssen der Außenwelt unterworfen; das, was für das Ich die Funktion der anarchischen, Trauma erzeugenden, zerstörerischen Energien spielt, das ist das Es. Was die Ansprüche der Realität betrifft, so wirken sie auf das Ich nur insofern, als sie umgesetzt, übersetzt und auf eine andere Weise übernommen oder »vertreten« werden. Genau hierin liegt die große Entdeckung des Narzissmus, aus der Freud vielleicht nicht sämtliche Folgen gezogen hat: die Mutation der Selbsterhaltung beim Menschen. In dem Maße, in dem sich das Ich entwickelt, werden die Lebens- und Sozialfunktionen von der Ernährung bis zum »Kampf ums Leben« oder auch des instrumentellen Denkens vom Ich oder, genauer gesagt, von der Liebe zum Ich übernommen. Der Säugling wird sich binnen kurzer Zeit aus Liebe, und nicht aufgrund eines Überlebensinstinktes, ernähren: aus Liebe zu seinen Objekten, aus Liebe zur Mutter, aus Liebe zu seinem Ich.

So sind wir unmerklich von der topischen zur ökonomischen Ebene, das heißt zur *Triebtheorie* übergegangen.

Ich habe – ich komme noch einmal darauf zurück – die Tatsache bereits betont, dass die Selbsterhaltung aus dieser Theorie verbannt ist. Vielleicht ahnen Sie meinen Hegelianismus bereits, der die Bewegung der Theorie mit der Bewegung »der Sache selbst« zur Deckung bringt. Nun, ich würde sagen, dass die Selbsterhaltung (der Instinkt), im Leben eines jeden einzelnen von uns, »auf die Reservebank geschickt worden ist«, disqualifiziert, genauso wie die Selbsterhaltung in der Bewegung des Freud'schen Denkens, nach 1915, zur Seite geschoben ist. Ich spreche hier von Instinkt im genauen Sinn, das heißt im Gegensatz zum »drive«.

Der psychische Konflikt indessen und die Angst, die Zeuge dieses Konfliktes und Ansporn dazu ist, lässt sich nicht ohne Dualität der anwesenden Kräfte, ohne Triebdualismus begreifen. Es ist hier nicht der Ort, um zu beschreiben, wie die Analytiker der Freud'schen These über die Lebens- und Todestriebe begegnet sind. Vielfältige und vielschichtige Deutungen, ablehnende, verniedlichende … Diese Deutungen sind übrigens nicht nur seinen Schülern, sondern bereits Freud selbst zuzuschreiben. Freud fühlt sich als allererster von seiner Entdeckung, wie von einem bizarren, neuen Objekt in Verlegenheit gebracht, ein Objekt, von dem er nicht genau weiß, wie er es integrieren soll.

Man kann also auf den Todestrieb nicht eingehen *ohne zu deuten,* und Sie wissen vielleicht, dass es eine meiner wichtigsten Aufgaben war, eine Deutung zu erstellen, die die grundlegenden und grundsätzlichen Ansprüche, die Freud zu dieser These gezwungen hatten, berücksichtigt, eine These, die zumindest ihrem Anschein nach jener anderen fundamentalen Idee der Psychoanalyse so entgegengesetzt ist: der Idee, dass der Tod kein Begriff, keine unbewusste Vorstellung ist.

Vom Todestrieb und seiner grundlegenden Originalität wollte ich vor allem drei Merkmale bewahren, »retten«:

- die Priorität der ins Innere gerichteten Zeit, die ich die Zeit »auto-«, selbst*, »self-destruction« nenne;
- die Besonderheit der ökonomischen Funktionsweise dieses Triebes, die ihn gewissermaßen zum Trieb schlechthin macht, zur Triebseele jedes Triebes, zum Modell der freien Energie und des Primärprozesses;
- schließlich der Gegensatz zu den Lebenstrieben, ein Gegensatz, der aufschlussreich sein muss, wenn er sich nicht nur als Gegensatz erweist, der auf das Ziel bezogen ist, sondern auch auf seine Leistungsart, auf sein Ablauftempo.

Diese drei Punkte scheinen mir bei *der* Analytikerin, die jedoch die neue Freud'sche Theorie sehr ernst genommen hat, zu fehlen: Ich meine Melanie Klein.

Wenn der Todestrieb nur ein anderes Wort wäre, um von der Aggressivität zu sprechen, wie kommt es dann, dass Freud, Jahre hindurch, alle Vorschläge seiner Schüler, einen Aggressionstrieb einzuführen, zur Seite geschoben hat? In dieser Geschichte der theoretischen Politik Freuds wäre es kindisch, im Starrsinn Freuds nur seinen Wunsch zu sehen, die Priorität der Entdeckung für sich in Anspruch zu nehmen. Das, worauf er abzielt, ist jedes Mal etwas anderes als das, was man ihm vorschlägt. Er ist kein »Abnehmer«, weder für den Aggressionstrieb oder den männlichen Protest eines Adler, noch für den Todestrieb einer Spielrein, wie er auch alles das verachtet hätte, was man heutzutage in die banale und vulgäre Rubrik des Kampfes um das Leben einordnen würde.

Mein grundlegender Gedanke ist also folgender: Der Todestrieb ist keine Entdeckung, sondern eine wiederaufgenommene Behauptung, eine Vertiefung der ursprünglichen und grundlegenden Behauptung der Psychoanalyse: der Sexualität. Der Todestrieb ist die Sexualität unter ihrem am wenigsten zivilisierten, sozialisierten Aspekt, insoweit als sie gemäß dem Prinzip der freien Energie und des Primärprozesses wirkt.

Ich werde also, mit dem Ziel der Klärung, von dem Gegensatz zwischen den sexuellen »Todes«-trieben und den sexuellen »Lebens«-trieben sprechen, um nachdrücklich darauf hinzuweisen, dass der große Dualismus im Herzen der Sexualität liegt; und, um deutlich zu betonen, dass es sich um

Leben und Tod »in der Psychoanalyse« und nicht um Leben und Tod im biologischen Sinne handelt, setze ich noch dazu »Leben« und »Tod« in Anführungszeichen.

Falls der Todestrieb nun ein erneutes Behaupten der Sexualität ist, welche Entdeckung führt denn dann zu dieser Neueinschätzung? Nun, es ist die der sexuellen Lebenstriebe. Ich meine damit die Erforschung eines neuen Gebietes der Sexualität, einer Sexualität, die nicht mehr frei, sondern gebunden ist, die in einer mehr oder weniger beständigen Weise das Objekt und das Ich, das Ich als Objekt der narzisstischen Liebe besetzt. Die Objektliebe und der Narzissmus sind, wie wir wissen, eng miteinander verbunden, und es ist das unermessliche Gebiet der die lebendigen Formen erhaltenden, bewahrenden und erzeugenden Sexualität, es ist die Sexualität als Kraft der Synthese, die den Namen »Eros« annimmt.

Die These einer Sexualität in ihrer entfesseltsten, freiesten Form muss also aufgrund einer Rückwirkung, angesichts jenes Überhandnehmens eines vielleicht zu optimistischen, aufbauenden – ja sogar erbaulichen – Eros, wiederaufgenommen werden; einer Sexualität, die einzig nach dem Null-Prinzip und dem Prinzip des steilsten Gefälles funktioniert, um so rasch wie möglich zur Abfuhr und zur Vorstellungsidentität (ich ziehe diesen Ausdruck jenem der Wahrnehmungsidentität vor) zu gelangen.

Darüber hinaus wäre ich geneigt, diese zwei großen Triebe oder, genauer gesagt, diese zwei großen Funktionsweisen der Sexualität auch im Hinblick auf ihr Objekt, das heißt hinsichtlich dem, was sie besetzen, zu unterscheiden: zwischen »Objekt-Sexualtrieben« und »Vorstellungs-Sexualtrieben«.[3] Hierbei handelt es sich natürlich um eine dialektische Polarität: Der Objekt-Pol der Sexualität kennzeichnet das Innehalten, die mehr oder weniger beständigen Besetzungen der Libido; der Vorstellungspol nimmt, zugespitzt ausgedrückt, jedes Objekt »auf die leichte Schulter«, um nur das unablässige Gleiten, die Verschiebungen und Verdichtungen des Primärprozesses zu bevorzugen.

Um zur Angst zurückzukehren, müssen wir uns zuerst einen klaren Begriff über die Wechselbeziehungen zwischen unserer typischen Unterscheidung,

3 Oder vielleicht »Anzeichen-Sexualtriebe«.

dem Ich und dem Es einerseits und dem Triebdualismus andererseits, verschaffen. Freud hat sich diese Frage wiederholt gestellt, ohne jedoch wirklich darauf eine Antwort zu geben. Ohne jeden der beiden topischen Pole mit einem der beiden Triebpole in eine genaue Übereinstimmung zu bringen, ist es für uns offensichtlich, dass sich eine grundlegende Verwandtschaft zwischen ihnen abzeichnet. Man muss wohl die allgemeine Behauptung aufstellen, dass das Ich ein bevorzugter Ort für die sexuellen »Lebens«-triebe ist und dass sein Zwang zur Synthese in den sexuellen »Lebens«-trieben seine energetische Grundlage findet. Diese Behauptung sollte jedoch eingeschränkt werden, und zwar dadurch, dass man den Beiträgen des Klein'schen Denkens Rechnung trägt: Das Ich, das anfangs nur eine labile und fragile Form besitzt, stärkt sich mittels der Introjektion seiner Objekte, totaler, »guter« Objekte, die die Synthese oder die Wiedergutmachung begünstigen.

Umgekehrt ist das Es in seinem radikalsten Grund der Ort des sexuellen »Todes«-triebes; dieser kann aber nur als ein Grenzzustand der Libido, als Zustand der Entbindung aufgefasst werden, in den selbst die Psychose nur kurze und annähernde Einblicke gewährt. Sobald man sich in weniger tief gelegene und weniger radikale und zugänglichere Ebenen des Es begibt, finden wir in ihm stabilere Objektvorstellungen, beständiger besetzte Objekte, Stützpunkte für das, was wir den sexuellen »Lebens«-trieb nennen. Wie dem auch sei, der topische und der ökonomische Gesichtspunkt stimmen weitgehend miteinander überein, unter der Bedingung, dass man die dialektischen und mobilen Verhältnisse zwischen unseren beiden Triebpolen berücksichtigt. Schematisch könnte man folgendermaßen eine *Topik-Ökonomik der Angst* definieren:

Die Angst spielt sich zwischen einem Ich ab, einer energetischen Gestalt*, die danach strebt, ihr Niveau aufrechtzuerhalten, und dem unablässigen Angriff der Triebbewegungen und Triebregungen. Die Entwicklung von Angst und, weiter, der Schreck *sind* nicht das Signal der Gefahr, sondern sie sind *die gefährlichen Situationen selbst* (innere Gefahr) auf dem Weg der totalen Zerstörung, die der Überwältigung des Ich durch den »gleichmachenden, also zerstörenden Einfluß der Energien« des Es entspricht. (Man erkennt hier den Ausdruck aus *Jenseits des Lustprinzips* von dem »gleichmachenden, also zerstörenden Einfluß der übergroßen, draußen arbeitenden Energien«.)

Die Entwicklung von Angst ist jedoch *bereits* gleichbedeutend mit einem gewissen Versuch zu binden und an Ort und Stelle festzuhalten. Und vor allem verläuft der Angstprozess zumeist in einem vorbereiteten, erlahmten, ja sogar erstarrten Ich. Die Angst ist also vornehmlich ein Phänomen der Grenze, was sich deutlich in ihrem körperlichen Erleben ausdrückt. Sie ist aktive Gegenbesetzung, Schöpfung der Kampflinie oder des dynamischen Reizschutzes, welcher versucht, die Triebenergie an Ort und Stelle zu blockieren.

Eine derartige Gegenbesetzung unterscheidet sich stark von den ständigen Veränderungen des Ich aufgrund von Reaktionsbildungen, wie sie zum Beispiel in der Zwangsneurose beschrieben sind: Mitleid, Skrupelhaftigkeit, Sauberkeit. Im Angstprozess sind die Schranken des Ich verschwunden oder sind vielleicht in jenen kleinsten Nenner der Affekte – und das ist die Angst – verwandelt. Im reinsten Fall bekämpfen Gegenbesetzung und Besetzung einander nunmehr ohne dazwischengeschaltetes Symptom, sozusagen mit nackten Fäusten. Wenn man bereit ist, zu berücksichtigen, dass die freie und die gebundene Libido (Ich-Libido) letztlich dieselbe Natur besitzen und miteinander konvertibel sind, so wird man wohl zugeben, dass diese Energien an der Kampffront, dort wo sich das angstvolle Erstarren und die Spannungssteigerung vollziehen, nicht unterscheidbar sind. Auch aus diesem Grunde kann man nicht zwischen einer Angst des Es und einer Angst des Ich wählen. »Das Ich ist der wahre Ort der Angst«, aber der ökonomische Ursprung der Angst liegt untrennbar im Ich und im Es, in der Überwältigung durch das Es und in der, mehr oder weniger anarchischen, Gegenbesetzung des Ich.

Ich kann in diesem Vortrag nicht auf den zweiten metapsychologischen Aspekt der Angst, den ich als den dynamisch-genetischen bezeichne, eingehen. Um ihn einzuführen, möchte ich nur die kaum optimistische Schlussfolgerung betonen, die sich aus dem ökonomisch-topischen Gesichtspunkt zu ergeben scheint. Was, in der Tat, behaupten wir?

1. Die Angst ist die durch den Triebangriff im Ich und seinen Objekten erzeugte Wirkung der Desorganisation. Oder, anders ausgedrückt, sie ist letztlich der unversöhnliche, *ego-dystonic* Rest des sexuellen Wunsches.

2. Die Angst ist für die Affekte eine Art universalen Tauschgeldes. Aber dieses Geld ist nicht frei umtauschbar; der von der Angst erzeugte Desorganisationseffekt ist nur schwer rückgängig zu machen. Das ist eine wesentliche Beobachtung, die Freud im Zusammenhang mit dem kleinen Hans näher darlegt:

> Wenn einmal der Angstzustand hergestellt ist, so zehrt die Angst alle anderen Empfindungen auf; mit fortschreitender Verdrängung, je mehr die schon bewußt gewesenen affekttragenden Vorstellungen ins Unbewußte rücken, können sich alle Affekte in Angst verwandeln.[4]

Genauso wie die Thermodynamik zeigt, dass die Energie dazu neigt, sich in ihre anarchische Form herabzusetzen, so soll es sich auch mit der Libido-Energie verhalten? Die Frage wäre also folgende: Warum ist nicht alles im psychischen Leben Angst und warum wird das psychische Leben nicht ohne Unterlass zur Angst zurückgeführt?

An diesem Pessimismus, dieser Überwältigungstendenz des »Todestriebes« würde ich, schematisch ausgedrückt, folgende Korrekturen vornehmen:

1. Ich habe gesagt, dass man »Leben« und »Tod« »in der Psychoanalyse« verstehen muss, das heißt, als in das sexuelle Feld »metaphorisiert« oder, wie ich es gerne ausdrücke, »metabolisiert«. Was bedeutet das konkret? Zum Beispiel, dass die synthetisierende, wiedergutmachende, dem formenbauenden Eros zufallende Tendenz, dass diese Lebenstendenz nicht unbedingt und nicht immer so positiv ist, wie es scheint. Die Synthese, wenn sie Zwang zur Synthese wird, wird zum Konformismus, zwangsneurotischem Stillstehen oder auch zur illusorischen Jagd nach narzisstisch selbstlosen Leistungen.
   Umgekehrt ist der »Todes«-trieb, in der Psychoanalyse, nur die psychische Metapher für die Rückkehr zum Leblosen. Der Tod, um den es geht, und das haben alle Analytiker bemerkt, ist auch der jede feste Form zerstörende Stachel der Begierde. Es ist die lähmende, aber auch erregende Angst, eine Angst, die, wie mir scheint, ein Leonardo in seinen Sintflut-Zeichnungen darzustellen (das Undarstellbare darzustellen) versucht.

4 S. Freud: Analyse der Phobie eines fünfjährigen Knaben. *GW VII*, S. 270.

2. Falls der Triebdualismus kein substanzieller und endgültiger Dualismus, sondern ein Dualismus der Funktionsweise ist, falls es ein und dieselbe Libidoenergie ist, aus welcher sowohl die sexuellen »Lebens«-triebe als auch die sexuellen »Todes«-triebe bestehen, dann verbietet nichts, die Übergänge der einen in die anderen zu beschreiben. Ich erinnere daran, dass diese These einer einzigen Energie für die beiden Triebe von Freud ausdrücklich in »Das Ich und das Es« formuliert worden ist und dass er niemals den absurden Begriff einer der Libido symmetrischen »Destrudo« gebildet hat. Und wenn wir den Weg des Lebenstriebes zum Todestrieb kennen (die Herabsetzung der Affekte zu Angst, zum Beispiel), so wissen wir aus Erfahrung, dass der umgekehrte Weg möglich ist: Die Schaffung beständiger Objekte, ausgehend von den ersten Angstsituationen (um mit Klein zu sprechen).

3. Ich habe schließlich eine noch problematischere Hypothese gewagt, eine Hypothese, die als wissenschaftliche Gotteslästerung erscheinen mag, da sie sich an dem heiligen Prinzip der Konstanz der Summe der psychischen Energien vergreift. In Bezug auf die Sublimierung habe ich den Gedanken nahegelegt, demzufolge man vielleicht jene Idee Freuds ernst nehmen sollte, dass jegliche Erschütterung im psychischen Leben – vom physischen Schock bis zur Gemütsregung – von einem neuen Zufluss und einer echten Neubildung von Libido begleitet ist. Falls diese »indirekten Quellen« des Geschlechtstriebes in der Kindheit am Werke sind, warum sollte dies nicht das ganze Leben hindurch der Fall sein?
   Es ist offensichtlich, dass sich diese ständig entstehende sexuelle Energie zwischen den sexuellen Lebenstrieben und sexuellen Todestrieben verteilen wird. Es hängt vom Schicksal jedes Einzelnen ab, dass weder die Angst für ihn überwältigend und lähmend wirkt, noch umgekehrt, dass die Libido in einer zu stabilen und einer zu ausschließlich narzisstischen Weise besetzt ist.
   Auf diese Frage kann einzig eine dynamisch-genetische Studie, und für jeden einzelnen von uns seine ihm eigenen Fähigkeiten zu sublimieren und zu symbolisieren, den Umriss einer Antwort liefern.

Wiedergutmachung und Vergeltung im Strafrecht – eine psychoanalytische Perspektive

Nachdem Jean Laplanche dem »Zentrum für Rechtsphilosophie« gedankt hat, einen Psychoanalytiker in den ehrwürdigen Mauern des Pantheon-Platzes zu empfangen,[1] *fährt er folgendermaßen fort:*

Diese Darstellung kann keineswegs eine psychoanalytische Theorie der Strafe oder der strafrechtlichen Sanktionen vorschlagen und nicht einmal eine Theorie jener besonderen Aspekte, wie die Vergeltung und die Wiedergutmachung. Die Psychoanalyse ist bedeutend bescheidener oder vielleicht auch viel anmaßender. Bescheidener hinsichtlich der Extension, und zwar in dem Sinne, dass sie keine einheitliche Theorie des Sozialen verkünden kann und infolgedessen auch keine Theorie jenes grundsätzlichen Aspektes des Sozialen: des Gesetzes. Bescheiden ebenfalls hinsichtlich der »Intension«, denn sie kann sich keinesfalls an die Stelle einer Theorie oder sogar einer Technik der Normalität und des Rechtes setzen. Nichtsdestoweniger anmaßender, denn die Psychoanalyse möchte gern auf alles ein kritisches Auge werfen. Ohne alles zu sein, ist sie überall, ein wenig in der Weise, in der wir von der Sexualität sagen, dass sie überall ist, ohne selbst alles zu sein. Das und nichts anderes bedeutet unser Begriff vom »Pansexualismus«.

Andererseits ist die Psychoanalyse keine normative Disziplin, außer vielleicht in der Art eines Negativs. Sie kann helfen, gewisse Wege der Entfremdung aufzudecken und zu denunzieren, aber sie kann nicht die Wege der Freiheit vorzeichnen.

Konkret gesprochen möchte ich Ihnen sagen, dass mein persönliches Verhältnis zum Problem der Strafe ein dreifaches ist. Mein erster Kontakt mit dem Problem der Strafe bestand in meiner Erfahrung als Psychiater in

1 Ein am 2. Februar 1982, auf Einladung von Michel Villey und Pierette Poncela, im Rahmen des Seminars über »Strafrechtliche Vergeltung und zivile Wiedergutmachung« gehaltener Vortrag.

einer Juristen und Psychiatern wohlbekannten Abteilung für geistesgestörte Verbrecher: Henri Colin in Villejuif (ich weiß nicht, ob man die Abteilung noch so nennt). Man muss sagen, dass der psychiatrische Weg, von innen gesehen, etwas durchaus Lehrreiches und zugleich völlig Erdrückendes an sich hat. Der Weg der Nützlichkeit mit seinen Trugbildern (ich werde Gelegenheit haben, darauf zurückzukommen) ist wirklich eine unersetzliche Erfahrung.

Der andere Ort ist natürlich meine psychoanalytische Erfahrung und die Mannigfaltigkeit der Formen der Schuld, die Universalität der Schuld, selbst wenn sie sich in eine Reihe von anderen, mit ihr verbundenen Affekten einfügt, die man Scham, Minderwertigkeit, Schande nennen kann: Spielarten, welche die Grenzen der Schuld ziehen und zugleich mit ihr in ansteckender Berührung stehen.

Und schließlich hat mich zu einer gewissen Zeit eine punktuelle Reaktion in eine heute überholte Debatte – zumindest in der Form der Diskussion über die »verstorbene« Todesstrafe – eingreifen lassen: Plötzlich wurde mir die Universalität der utilitaristischen Denkweise bewusst, eine Denkweise, die wegen ihrer manipulatorischen Ziele hassenswert und aufgrund ihrer Mittel kindisch ist. Hüten wir uns davor, dass das Kindische nicht allmählich dem Hassenswerten weicht.

Deshalb ziehe ich es also vor, statt über eine psychoanalytische Auffassung der Strafe zu sprechen, einige psychische Orientierungspunkte und einige Gedanken eines Psychoanalytikers über die Strafe anzuführen.

Mein erster Punkt wird folgender sein: die *Vielfältigkeit des psychischen Individuums.* Gewiss wird man sagen, dass dies nichts Neues ist: der Engel und die Bestie, Dr. Jekyll und Mr. Hyde oder auch die Stimme des Gewissens als solches, die Stimme des moralischen Gewissens. Die Psychoanalyse hat indessen diese Mehrheit auf die Spitze getrieben, weit über das simple Berücksichtigen der komplexen Natur eines jeden von uns hinaus. Die Psychoanalyse hat zuerst eine Spaltung des menschlichen Wesens in ein Bewusstes und ein Unbewusstes beschrieben, eine Spaltung, die zu einer wahrhaften Gegensätzlichkeit im Psychischen führt. Freud und die Psychoanalytiker haben sich jedoch nicht darauf beschränkt. Die Spaltung in ein

Bewusstes und ein Unbewusstes war schließlich ein abstraktes, mechanistisches oder, wie man sagt, »psychologisierendes« System. Nun sind wir jedoch zu einer Auffassung gelangt, die ich als »anthropomorph« bezeichne, und ich muss sagen, dass nun einmal eine meiner Marotten darin besteht, die Wahrheit des Anthropomorphismus immer wieder zu unterstreichen. Damit will ich sagen, dass die psychische Person tatsächlich vielfältig ist, dass sie in sich mehrere Personen birgt, mehrere persönliche Einstellungen, die untereinander in Beziehung und Konflikt stehen. Es war die Entdeckung der Identifizierung, die den bei Freud seit langem gebräuchlichen Ausdruck einer »Mehrheit der psychischen Personen« bestätigt hat. Was soll das bedeuten? Das bedeutet, dass wir nach dem Vorbild des anderen oder der anderen gebildet sind und in ihn(en) gründen; das, was man das *Ich* nennt, selbst wenn man behaupten möchte, dass es noch etwas mit einem autonomen und rationalen Wesen zu tun habe, ist selbst auf elterliche Identifizierungen gegründet; umso mehr trifft dies auf das *Über-Ich* zu, das wir das moralische Gewissen nennen, da sich die Auffassung von der »Mehrheit der psychischen Personen«, ausgehend von der Wiederentdeckung jener Stimme der Moral, allmählich aufgedrängt hat. Es gibt schließlich in uns etwas noch Fremdartigeres, wir nennen es das *Es*. Zweifellos ist das Es kaum eine Person, sondern vielmehr wie ein »Ding« in uns, das uns treibt, mit welchem wir uns manchmal identifizieren und welches auf jeden Fall um das Wort bittet, das Wort verlangt.

Man glaubt also, sich leicht zurechtzufinden: In einer ein wenig einfältigen Deutung behauptet man, dass das *Über-Ich* das verinnerlichte Gesetz, dass das *Es* die Instinkte und, was das *Ich* betrifft, dass es natürlich das Rationale ist. Nun muss man jedoch weitergehen, man muss einsehen, dass diese »Mehrheit der psychischen Personen« in Wirklichkeit von einer Mehrheit *in* oder einer Mehrdeutigkeit *in* den psychischen Personen begleitet wird. Vom Über-Ich wie von einer einheitlichen Instanz zu sprechen, bedeutet das Missachten der Tatsache, dass es sich selbst in Wirklichkeit verdoppelt und zwar in Aspekte der Anziehung und der Faszination, die wir die Ideale nennen, und in ganz einfach verbietende Aspekte, die verkünden oder uns daran erinnern, was wir nicht tun dürfen. Freud hat gezeigt, dass das Gesetz des Über-Ichs tyrannisch ist, und zwar in dem Maße, in dem es widersprüchlich ist: Der Vater sagt: »Du sollst so sein wie ich«, und gleichzeitig: »Du wirst nicht so sein wie ich.« Schließlich kann man darüber hinaus im Über-Ich, von einem anderen Gesichtspunkt aus, noch eine wesentlichere Spaltung ermitteln: Wenn das Über-Ich auch offensichtlich auf Seiten des Gesetzes zu bestimmen ist (ob es sich um das Verbot oder sogar um das Ideal handelt), so kann man doch gleichzeitig nicht leugnen, dass die Art und Weise, in der unser moralisches Gewissen mit uns umgeht, in der es uns manchmal foltert, es sich auch auf Seiten des Triebhaften bestimmen lässt: Das Über-Ich, sagen wir, ist ebenso eine sadistische Instanz.

Was das *Es* betrifft, so ist diese Dualität oder Mehrdeutigkeit nicht geringer; man stellt diese »Instanz«, in einer ersten groben Einschätzung, oft als eine Instanz dar, die die Natur in uns vertritt: Die Instinkte oder die Triebe, so behauptet man, machen unser biologisches Wesen aus; wir bemerken jedoch erstaunt, dass diese Pseudonatur nichts weniger als natürlich ist; im Gegenteil, die Triebe ziehen ihre ganze Kraft und Wirksamkeit nur aus kulturellen Ursachen und insbesondere aus unseren Beziehungen zu unseren ersten menschlichen Objekten, die natürlich unsere Eltern sind. Hier gibt es also, im Hinblick auf das Es wie auch auf das Über-Ich, eine merkwürdige Umkehrung oder zumindest eine merkwürdige Zweideutigkeit, da sich jedes der beiden zugleich auf Seiten der Natur und auf Seiten der Kultur befindet; und wir betonen gerne, zur Zeit vielleicht paradoxerweise, dass sich das Über-Ich oft auf Seiten des Instinkthaftesten, des Triebhaftesten befindet und das Es gegebenenfalls auf Seiten des Kulturellsten.

Nun ein Wort zur *Schuld.* Auch hier gibt es eine erste grobe Einschätzung durch die Psychoanalyse, und dann gibt es das, was die Psychoanalyse sowohl in ihrer historischen Bewegung als auch in jeder einzelnen unserer Psychoanalysen allmählich entdeckt, etwas, das weit weniger einfach und weit beunruhigender ist.

Was die Schuld betrifft, könnte man auf Anhieb sagen, so ist die Psychoanalyse dazu da, um sie zu entdecken und uns von ihr wie von einem Irrtum oder einem falschen Eindruck oder gegebenenfalls wie von einem Anachronismus zu befreien: Vielleicht fühlen wir uns wegen Verbrechen schuldig, die nichts weiter als kleine, unwesentliche Fehler sind, oder auf jeden Fall wegen Verbrechen, die nicht mehr gegenwärtig sind, Kindheitsverbrechen, die wir aus der Entfernung übertrieben haben. Wenn Sie nun auf die Kur eines der großen »Schuldigen« der Psychoanalyse Bezug nehmen, ich meine den »Rattenmann«, ein großer Schuldiger, ein Mann der Schulden, einer unmöglich zu begleichenden Schuld, dann werden Sie bemerken, dass der Weg Freuds ein recht merkwürdiger ist. Und zwar sagt er (wie in jener lustigen, aber ein wenig bitteren Geschichte, die man manchmal erzählt) dem Rattenmann: »Sie fühlen sich schuldig und es gilt zu entdecken, warum«; er sagt nicht: »Sie haben Unrecht zu glauben, dass Sie schuldig sind«, sondern: »Sie haben Recht, sich schuldig zu fühlen und es gibt ein Verbrechen zu entdecken.« Außerdem ist der Rattenmann hier wahrhaft wie eingesperrt: Das zu entdeckende Verbrechen ist letztlich ein Verbrechen des Gedankens, ein Verbrechen der Begierde, und diesem Verbrechen kann man nicht entkommen, denn jeder Gedanke des Verbrechens ist das Verbrechen selbst. Es handelt sich natürlich, im Falle des Rattenmannes und für Freud, um die Ermordung des Vaters, um den Todeswunsch dem Vater gegenüber.

Das Schuldbewusstsein wird also von uns mit Sicherheit in die Reihe der Ängste verlegt und im Bezug auf diese relativiert und eingeordnet; es ist eine Angst unter anderen Ängsten: die moralische Angst, die soziale Angst, ja sogar die Kastrationsangst – und das Schuldbewusstsein – ist eine von ihnen. Oder man kann es auch, wie ich es vorhin angedeutet habe, unter anderen, mehr oder weniger benachbarten Gefühlen ansiedeln, und ich denke, dass es für eine Psychologie der Scham, eine Psychologie der Schande oder auch eine Psychologie der Minderwertigkeit wichtig wäre, sich von einer Psychologie des Schuldgefühls abzugrenzen.

Dennoch behält die Psychoanalyse der Schuld einen Platz für sich vor, und falls Sie *Das Unbehagen in der Kultur* nachlesen, so werden Sie sehen, wie schwer es Freud fällt, sich ihrer zu entledigen, da er gezwungen ist, ständig zu ihr zurückzukehren. Greifen wir noch einmal die Frage auf, es geht einfach nicht … mit jener Offenheit, die für das Vorgehen des Gründers der Psychoanalyse so kennzeichnend ist. Die Schuld hat einen Platz für sich, weil sie mit dem Verbrechen verbunden ist und weil in gewisser Weise für Freud das Verbrechen mit dem Menschen wesensgleich ist, wobei das Verbrechen Nummer eins natürlich jenes des Ödipus ist, das Ödipus-Verbrechen selbst, das heißt der Vatermord; ein unmöglich zu vermeidendes

Verbrechen, denn es gibt beim Kind, auf der Ebene des Unbewussten, eine absolute Identität zwischen dem Gedanken und der Tat.

Von hier, von Ödipus und vom Wunsche, den Vater zu töten, aus, gibt es einen Weg, der zweifellos ein wenig zu leicht ist. So wie jener bewies, warum »Ihre Tochter stumm ist«,[2] so beweist man mühelos, warum Ihr Sohn schuldig ist: die Angst oder die Furcht vor der Bestrafung und auch die Angst vor dem Verlust der Liebe – das heißt, die Angst, nicht nur davor, wegen seiner eigenen Wünsche von dem Vater bestraft zu werden, sondern die Angst, die Liebe des Vaters zu verlieren, denn man darf nicht vergessen, dass alle Gefühle ambivalent sind und dass die Gefühle dem Vater gegenüber sowohl aus Liebe als auch aus Hass bestehen – diese Angst würde nun in einer zweiten Zeit *verinnerlicht* werden, und zwar eben als Angst vor der Bestrafung durch oder vor dem Verlust der Liebe jene(r) innere(n) Instanz, die, nach Freud, der Erbe des Ödipuskomplexes ist: das Über-Ich.

Ich sagte, dass dies ein wenig zu simpel und zu leicht ist, denn man befindet sich hier in enger Nähe zu einer gewissen Theorie der Dressur: Die äußeren Verbote werden zunächst als solche entgegengenommen und anschließend, in einer zweiten Zeit, verinnerlicht. Selbst wenn man dieses Schema übernähme, das auf uns von den durch die Analyse beeinflussten Psychologien zurückkommt, so müsste man sich aber erst noch die Frage stellen, was aus dem Verbot wird, wenn es vom Äußeren (das Gesetz der Eltern) ins Innere übergeht (das Gesetz des Über-Ich). Was wird da aus der Gleichsetzung des Gedankens mit der Tat? Wie geht jeder Erwachsene, und zweifellos jeder Erwachsene auf seine eigene Art und Weise, an die Schuld aufgrund der verbrecherischen Absicht und wie an jene aufgrund eines wirklich begangenen Verbrechens heran?

Innerhalb der analytischen Bewegung ist jedoch der Haupteinwand gegen eine derartige Auffassung von einem anderen Horizont her gekommen: jenem der klinischen Erfahrung. Die Analytiker bemerken sehr rasch, dass das Schema der ödipalen Dressur, das heißt, dass die zuerst in der Fami-

---

2 Zitat aus dem Stück: *Arzt wider Willen* von Molière, in dem Sganarelle, der vortäuscht, Arzt zu sein, die ausgefallensten Gründe angibt, um zu erklären, warum ein junges Mädchen stumm ist. (A. d. Ü.)

lie angetroffenen Verbote anschließend in ein inneres Gesetz verwandelt werden, sich nicht ohne Schwierigkeiten anwenden lässt. Man stellt insbesondere fest, dass das Schuldbewusstsein nur selten in einer Abhängigkeit zur elterlichen Strenge steht: Beide stehen oft in einem umgekehrten Verhältnis zueinander. Dies ist eine Entdeckung, die stets mit dem Namen von Melanie Klein verbunden bleiben wird und der bereits Freud selbst, am Ende seines Lebens, Rechnung tragen musste. Von da an funktioniert nichts mehr, denn das Über-Ich ist nicht der direkte Erbe des äußeren Verbieters.

Es bleiben also nur zwei Möglichkeiten: Die eine besteht darin, zu einem archaischen, phylogenetischen Schema zurückzugreifen: zur Schaffung eines großen Mythos, des Mythos der »Urhorde«. Das heißt, dass unser innerer Verbieter, das Über-Ich, aber auch der äußere Verbieter, der Vater selbst, nichts weiter als die Erben eines vorgeschichtlichen Schemas sein würden, welches sozusagen phylogenetisch übermittelt wäre, das Schema eines atavistischen Mordes. Sie sehen, dass ich darüber nicht ohne eine gewisse Distanz spreche, da ich nicht zu jenen gehöre, die diesen Mythos, den Freud übrigens auch als Mythos bezeichnet, für eine historische Wahrheit halten. Ich denke, dass alle Mythen zu deuten sind und dass man folglich über den Mythos hinausgehen muss.

Die andere Möglichkeit ist noch seltsamer; sie ist, würde ich sagen, eine endogene Theorie der Schuld. Wir schlagen eine außergewöhnliche Umkehrung vor. Um sie mit einigen Worten zusammenzufassen: Das Schuldbewusstsein ist dieser Theorie nach ganz einfach eine Modalität der Angst, ja sogar eine erste Art und Weise eines mit der Angst zu schließenden Paktes; und die Angst selbst ist das Korrelat des inneren Triebangriffs, den innere Begierden ständig gegen uns richten, in dem Sinne, dass sie uns angreifen und uns der Folter unterwerfen. Die Angst, die auch in dieser Sicht einiges Melanie Klein schuldet, hat schließlich dieselbe Ausdehnung wie das Unbewusste. Und die Schuld, die Verbrechen, die Dialektik von Verbrechen und Sühne wären sekundär im Verhältnis zu jener ersten Zeit des Menschwerdens, in der gleichzeitig der Trieb und die Angst in Erscheinung treten; und zuletzt könnte man sagen, dass sich das Schuldbewusstsein bereits auf dem Wege der Symbolisierung befindet. Man könnte behaupten, dass der »Ödipuskomplex« selbst bereits ein Versuch ist, um die an sich zerstörerische und anarchistische Angst zu beherrschen, eine Art und Weise, diese Angst zu beherrschen, indem man ihr Figuren liefert und sie in ein Szenarium einfügt. *Der Ödipuskomplex wäre in diesem Sinne das erste Verbrechen aus Schuldgefühl.* Sie wissen, wie oft man seit Aichhorn und Freud auf jene Idee zurückgegriffen hat, dass gewisse Verbrecher zur Tat nur aus dem Grunde schreiten, um ihrem Schuldgefühl einen konkreten Gehalt zu geben. Und Freud ahnte nun sicher nicht, dass man schließlich dieses Schema auf das ödipale Verbrechen selbst anwenden könnte. Es ist nicht der Ödipuskomplex, welcher das Verbrechen erzeugt, sondern es ist die Schuld, oder vielmehr: es ist die *Angst,* die das Bedürfnis hat, sich in einem Szenarium, im ödipalen Szenarium, zu beherrschen.

Dies kann auch auf eine etwas andere Weise ausgedrückt werden, nämlich indem man von dem, was wir »Kastration« nennen, ausgeht. Sie wissen, dass die Psychoanalytiker die Kastrationsdrohung als das betrachten, was den Ödipuskomplex schließlich wie mit einem Siegel verschließt und das Inzestverbot bestätigt. Die Kastrationsfurcht, das Korrelat dieser Drohung, wäre also nun nicht rein negativ. Sie hätte eine positive, absichernde oder zumindest stabilisierende Funktion: eine Funktion, die darin besteht, die unbenennbare Angst in eine Furcht umzuwandeln, die einwandfrei umrissen werden kann; damit verwandelt sich die Drohung eines absoluten Zerfalls, eines Selbstverlustes, in die schreckliche, jedoch begrenzte Gefahr, den Teil zu opfern, um das Ganze zu retten.

Ich wollte jene Übereinstimmung zwischen der Welt des Verbrechens und der Welt eines jeden Einzelnen von uns spürbar machen. Die Sühne stellt nicht einen Richter einem Verbrecher gegenüber, sondern macht jeden Einzelnen von uns zum Richter *und* zum Verbrecher. Und der Richter, das Über-Ich, nimmt häufig eine doppelte Natur an: eine rechtsprechende und eine sadistische.

Wir befinden uns hier noch auf dem inneren Schauplatz. Kann man ins Außen übergehen? Um dies zu tun, möchte ich zunächst kurz auf das hinweisen, was man in der Psychoanalyse das *Strafbedürfnis* nennt und was man in der Rechtsphilosophie vielleicht Gerechtigkeitsbedürfnis oder Gerechtigkeitsgefühl nennen könnte. Oberflächlich gesehen, scheinen sie in einem

Gegensatz zueinander zu stehen, das eine als eigenartiger, pathologischer Hang zur Sühne, während das Gerechtigkeitsgefühl eher den Anspruch bedeutet, dass der andere bestraft werde. Aber dieser Gegensatz zwischen Sadist und Masochist, zwischen Strafen und Gestraftwerden erweist sich als kaum zutreffend, wenn man das ernst nimmt, was wir bezüglich der »Mehrheit der psychischen Personen« in Erinnerung gerufen haben. Was mich jedoch an diesen zwei Ausdrücken interessiert, ist der Begriff des *Bedürfnisses*. Bedürfnis, dass sich endlich etwas im Realen ereignet. Bedürfnis nach Bestrafung und Bedürfnis nach Gerechtigkeit verlangen nach jenem Übergang ins Reale. Es muss etwas in Erscheinung treten, das nicht länger in dem bleibt, was ich vorhin das Unbenennbare des Triebhaften genannt habe.

Strafbedürfnis, das bedeutet soviel wie endlich in einer präzisen und klaren Art und Weise für eine Tat bestraft zu werden; oder nicht einmal für eine Tat! Es bedeutet, eine Tat schaffen, damit der Trieb selbst seine Grenze finde. Falls es nötig ist, muss man sogar das Verbrechen begehen oder einfach nur das kleine Vergehen; wir kennen das aus der Psychoanalyse von Kindern. Wir wissen, wie sehr die Familiendelikte, insbesondere jene, die von Kindern begangen werden, in Wirklichkeit Hilferufe sind, Hilferufe nach Liebe und Bestrafung, die vielleicht in jenem Augenblick nicht voneinander zu unterscheiden sind. Ich habe vorhin an die wirklich pionierhafte Arbeit eines Aichhorn erinnert, der als erster diesen Begriff der Kriminalität aus dem Bedürfnis nach Strafe herausgearbeitet hat. Was das Bedürfnis nach Gerechtigkeit angeht, so nimmt er an, dass, wenn die Dinge sich erst einmal in der »Wirklichkeit« – um mit Hegel zu sprechen – ereignet haben, es ein mögliches Gesetz gibt, sodass man das Unbenennbare »stellen« kann. Von der endlosen Verkettung der Verbrechen und Hassgefühle geht man zu etwas über, das sich in Worte fassen lässt, worüber man Gesetze erlassen kann – sei es auch die Talion.

Der Psychoanalytiker arbeitet nur in der psychischen Realität. Er nimmt also die Gleichheit zwischen Phantasie und Realität an. Damit ist er natürlich disqualifiziert, um draußen Gesetze zu erlassen, um Ratschläge außerhalb seines Sprechzimmers zu geben. Ein Mensch tötet einen anderen, im

Auto, auf einer Autobahn. Für den Psychoanalytiker, *was auch immer die Umstände sein mögen*, stellt sich die Frage des Mordes, und sie muss gestellt bleiben; es ist sogar unsere Funktion, dass sie von allem Anfang an gestellt wird, und zwar so, dass der Psychoanalytiker von dem Augenblick an, in dem man in die Wirklichkeit übergeht, nur partielle Ansichten von sich geben kann, mutmaßende Ansichten über die Zusammenhänge zwischen seinem Gebiet und jenem der Justiz.

Ich möchte jedoch noch einige rasche Eindrücke bestimmter Begriffe geben, die, wie mir scheint, im Mittelpunkt Ihres Seminars stehen. Zunächst zum Begriff des *Utilitarismus*. Ich beziehe mich auf die rasche, aber meisterhafte Darstellung von Pierrette Poncela in der kleinen, jedoch sehr reichen und dichten Arbeit über *Das Nützliche und das Gerechte*[3]. Ich beziehe mich auf ihre nicht weniger treffende Kritik der Immoralität des Utilitarismus. Im Utilitarismus wird der Mensch als Mittel für etwas genommen und die Strafe, wie man sagt, »à la carte« und im Hinblick auf die Wirksamkeit verhängt. Und ich beziehe mich auch auf ihre Kritik seines letzten Endes widersprüchlichen Charakters. Aber was kann der Psychoanalytiker dem noch hinzufügen?

Der Psychoanalytiker wird hinzufügen, dass es in Benthams Lehre etwas wahrhaft Kindisches gibt, das heißt jene Arithmetik des Guten und des Schlechten und, darüber hinaus, noch eine transindividuelle Arithmetik: Wie kann man das Gute des Einen und das Gute des Anderen addieren, das Gute des Einen vom Schlechten des Anderen subtrahieren? Gewiss, der Psychoanalytiker ist vielleicht ein wenig besser ausgerüstet, um das, was Bentham sagt, zu deuten, und zwar in dem Maße, in dem er selbst eine Art von Transindividualismus der psychischen Personen annimmt. Aber der Psychoanalytiker wird sich fragen, wo sich dieser Übergang von einem Individuum zum anderen vollzieht, wo der Übergang dieser Arithmetik stattfindet, durch welche Instanzen diese Gleichungen gehen. Gehen sie durch das Es? Handelt es sich um ein Mehr an Schmerz für das Es? Handelt es sich um ein Mehr an Schmerz für das Ich? Oder um ein Mehr an Glück für das Ich? Oder für das Über-Ich? Durch welche Instanz geht die Bentham'sche

---

3 In: *La peine, quel avenir?*, Kollektivwerk, Paris 1983.

Arithmetik und vor allem: durch welches Medium? Offensichtlich geht sie durch das Medium der Vorstellung. Die Vorstellung ist in den letzten Jahren sehr kritisiert worden. Ich füge meine Stimme nicht dieser Kritik hinzu, denn die Psychoanalyse tut nichts anderes, als sich innerhalb der Vorstellung zu bewegen; sie bewegt sich innerhalb der Phantasie, aber gleichzeitig *radikalisiert sie die Vorstellung.* Was die Psychoanalyse zeigt, ist die Tatsache, dass die Vorstellung weder einzig und allein eine verminderte Realität ist, welche mit einem abschwächenden Koeffizienten versehen ist, den man unter Umständen sogar berechnen könnte, noch ist sie, würde ich sagen, mit einem vervielfältigenden Koeffizienten versehen. Gewiss wäre der Koeffizient eher ein vervielfältigender als ein abschwächender, wenn man von der Realität der Strafe zur Vorstellung und zur Phantasie übergeht. Aber dies ist im Grunde genommen ungenügend; der Übergang zur Phantasie ist für den Psychoanalytiker mit der Verinnerlichung verbunden und er bringt uns auf eine andere Ebene: das, was wir Sexualität nennen, die Ebene der sexuellen Erregung. Das, was zunächst Berechnung des Guten und des Schlechten einzig vom utilitaristischen Standpunkt aus gesehen war, würde damit zu einer Berechnung der Erregungen werden. Die Phantasie ist Trauma erzeugend, weil sie innere Phantasie ist, sie ist erregend und anregend. Für die Psychoanalyse ist der Mensch nicht nur der »nützliche Mensch«, entsprechend dem, Bentham kennzeichnenden, verwendeten Ausdruck. Der Mensch ist, für die Psychoanalyse, nicht nur »der nützliche Mensch«; der nützliche Mensch, der Mensch der Selbsterhaltung oder der Anpassung, überlagert den Triebmenschen oder – sagen wir – den Sexualmenschen. Der Mensch lebt und handelt aus Liebe zu …, aus Hass auf … Wird man dem Bergsteiger das Bergsteigen ausreden, indem man ihn aufmerksam macht auf die Schwierigkeiten und die Gefahren des Gipfels, den er zu erobern strebt? Wird man den Draufgänger vom Spielen abbringen, indem man ihn auf die Gefahren, beim Bakkarat oder beim Roulette zu verlieren, aufmerksam macht? Es gibt eine Umkehrung der Werte und der Reize, wenn man von der Selbsterhaltung zum Sexuellen übergeht. In diesem Sinne trägt der Utilitarismus in keiner Weise dem *triebhaften* Element Rechnung, so wie wir das triebhafte Element beim Rechtsbrecher verstehen: Sport des Betrügers, der fähig ist, sogar die Geldstrafen in seiner Berechnung zu berücksichtigen, oder Sport des Gelegenheitsverbrechers. Schließlich könnten viele (ich sage nicht: alle) Straffällige, und zwar eher noch als Rechtsbrecher aus Schuldgefühl, in die Kategorie derer, die wir manchmal die »Traumaphilen« nennen, eingereiht werden, das heißt in die Kategorie von Menschen, bei denen das Trauma selbst erregungserzeugend wirkt; oder sie können den »Philobaten« zur Seite gestellt werden, um uns hiermit auf den von M. Balint vorgeschlagenen, charakterologischen Gegensatz zu beziehen, zwischen jenen, die er die »Oknophilen« nennt (das heißt jene, die sich an das, was sie haben, anklammern), und den »Philobaten«, die im Gegensatz hierzu auf dem Seil und ohne Netz tanzen; die Rechtsbrecher befinden sich natürlich aufseiten der »Philobaten«. Das menschliche Wesen, das zur Tat schreitet, ist ein Philobat, und dies ruiniert natürlich die ganze utilitaristische Berechnung, ausgenommen vielleicht die Berechnung einiger rein utilitaristischer Rechtsbrecher.

Der Begriff der Abschreckung. Ich weiß nicht genau, ob ich ihn so verstehe, wie er technisch in der Rechtsphilosophie gebraucht wird, aber ich sehe in diesem Ausdruck nicht nur einen, sondern zwei Aspekte.

Ein Aspekt, der mit dem Utilitarismus verbunden ist, liegt in der Einschüchterung. Um Pierette Poncela zu zitieren, so muss die reale Strafe *augenscheinlich* sein. Nun ist hier die Kritik durch die Vorstellung grundsätzlich, denn der Augenschein, das, was erscheint, wird introjiziert und deshalb, weil es introjiziert wird und es sich von nun an um das Innere handelt, *wird es zu etwas anderem.* Ein anderer Aspekt der Abschreckung scheint mir viel tiefergehend zu sein. Es ist nicht das Exempel als ein einschüchterndes und abschreckendes, sondern die Gewissheit, dass wenigstens einmal das Delikt seine Bestrafung findet, dass es, irgendwo, eine Gerechtigkeit gibt. Ich beziehe mich gerne, um dies zu erklären, auf die Postulate der »Praktischen Vernunft«, da Kant die Unsterblichkeit der Seele durch jene Forderung, jenes Bedürfnis »beweisen« will, dass die Verbrechen letztlich irgendwo ihre Bestrafung und die Wohltaten ihre Belohnung finden. Dass es gelingt, die Unsterblichkeit der Seele durch ein solches Postulat zu beweisen, das ist ein außergewöhnlicher Glaubensakt, und ich denke, dass in der Idee der Abschreckung ein solcher Glaubensakt steckt. So gesehen, richtet sich die

Abschreckung nicht nur an den realen oder potentiellen Rechtsbrecher, sie richtet sich an jedes menschliche Wesen; die Abschreckung ist ein Element dessen, was ich eine Symbolisierung nenne.

Die Pflege oder die Besserung. Ich möchte ein Wort zu jener außergewöhnlichen Erwartung sagen, dass man die Rechtsbrecher »pflegt«. Ob man nun will oder nicht, dieses Verlangen nach der Pflege der Rechtsbrecher ist eine Variante des Utilitarismus mit seinem doppelten Aspekt: hassenswert und lächerlich. Man könnte auf den berühmten Film *Clockwork Orange* als lehrreiches Beispiel anspielen, kein schlecht gewähltes Bild. Hassenswert, denn der psychiatrische Weg bleibt trotz des therapeutischen Alibis ein rein utilitaristischer strafrechtlicher Weg. Ich beziehe mich auf meine Erfahrung von Henri Colin, so wie es vor 20 Jahren war, aber ich bezweifle, dass sich die Dinge radikal geändert haben. Zu jener Zeit zeigten die Gutachten und ihre Begründungen, dass der Weg der »Pflege«, der psychiatrische Weg, aus Gründen der Bequemlichkeit und der sozialen Nützlichkeit eingeschlagen wurde. Eine Nützlichkeit, zu deren Spezialisten und Hütern die »Gutachter« sich ohne zu zögern erklärten! Das ist der Weg, der von allen am meisten entmenschlicht. Von nun an ist dem Rechtsbrecher die Gewissheit einer fest verhängten Strafe verweigert und er ist der totalen Ungewissheit, der absoluten Willkür seiner Ängste, unter deren ausschließlicher Herrschaft er steht, unterworfen. Es ist ein hassenswerter Weg, denn er ist oft nicht rückgängig zu machen, und zwar deshalb, weil (hat man erst einmal den psychiatrischen Weg eingeschlagen, und sei es auch auf Betreiben der eigenen Anwälte) es dann nicht mehr in Frage kommt, zu einem rein strafrechtlichen Weg zurückzukehren.

Aber ich sage auch »lächerlicher Weg«, denn es ist oft ein Alibi, vielleicht auch der Spezialisten, vor allem aber der Nicht-Spezialisten, zu behaupten, dass sie die Kriminalität behandeln. Die Kriminalität ist keine Krankheit, auf jeden Fall ist sie keine eindeutige Krankheit. Es gibt zweifellos gewisse aus Geisteskrankheit begangene Verbrechen, aber selbst in diesem Fall ist es fraglich, ob der Weg einer totalen Ent-Verantwortlichung der richtige ist. Meistens jedoch muss man beteuern, dass die Kriminalität zu einem Schicksal oder, wenn man so sagen will, aber dann im tiefsten Sinne, zu einer Krankheit der Persönlichkeit gehört. Ein Schicksal behandeln, indem man es »ent-schicksalt«, indem man es um seinen Ernst bringt, ist natürlich ein absoluter Widerspruch.

Der psychiatrische Weg als Alternative zum strafrechtlichen Weg ist ein anderer strafrechtlicher Weg, der seinen Namen verschweigen will. Auf jeden Fall kann die Psychoanalyse, die gänzlich auf die Verantwortung und die Anerkennung der Verantwortung gegründet ist, nicht an die Stelle des psychiatrischen Weges treten.

Ich werde jetzt einige Worte zur *Wiedergutmachung* sagen, einem Begriff, der anscheinend eine Brücke zwischen Strafrechtlern und Psychoanalytikern schlägt, vielleicht jedoch mit einigen Zweideutigkeiten.

In der Psychoanalyse wurde der Begriff der Wiedergutmachung von jener, von mir bereits zitierten, großen Fortsetzerin und Erneuerin, von Melanie Klein eingeführt. Für sie wäre es, im Unterschied zu Freud, angezeigt, eine Priorität der Aggression anzunehmen. Ich hatte die Gelegenheit zu zeigen, dass dieser Unterschied nicht so wesentlich ist, wie es schien, und dass Klein bezüglich der Aggression vielleicht von etwas sprach, das nicht sehr von dem verschieden war, worüber Freud mit der Sexualität entliehenen Ausdrücken sprach. Sie wissen auch, dass Klein von einer Anschauung der Entwicklung des Kindes ausgeht, die sie als eine Folge von »Positionen« bezeichnet, ein viel interessanterer Ausdruck als jener der »Stadien«, denn diese Positionen können wieder bezogen, in jedem Lebensalter wieder besetzt werden, weil sie nicht wie Stadien endgültig überwunden werden. Klein setzt in der Entwicklung des Individuums und seiner »Aggressivität« zwei Positionen einander entgegen: die sogenannte *paranoide* Position, in der es sich um eine rein zerstörerische psychische Tätigkeit handelt, das Chaos der Aggression und der Gegenaggression, der Partialobjekte, die man einander nachwirft, die einen angreifen, die einen zerstören, ohne dass man vielleicht weiß, wer zerstört wird. Die Position, die sie die *depressive* nennt, bringt uns hingegen dem Problem der Wiedergutmachung näher. Sie setzt voraus, dass das Individuum sowohl sich selbst als eine gewisse Einheit als auch das Objekt, das heißt, den geliebten und zugleich gehassten Elternteil – sagen wir: die Mutter – als eine Totalität wahrnimmt. In dieser »depressiven Position« besteht jedoch eine Tendenz fort, jenen totalen Körper der Mutter in Stücke zu zerreißen, vielleicht sowohl aus Liebe als auch aus Hass. Und natürlich ist die Schuldangst untrennbar, denn das Individuum gründet und bildet sich selbst in der Identität mit dem anderen: Sein Objekt zerstören bedeutet natürlich eine gleichsam automatische Art und Weise, sich selbst zu zerstören; und zwar nicht nur eine Selbstzerstörung, indem man Gefahr läuft, vom anderen zerstört zu werden, was ja nicht mehr als eine Rache des anderen wäre, sondern eine Selbstzerstörung deshalb, weil der andere die einzige Art und Weise für das Individuum ist, seine Einheit zu erhalten. Als Korrelat zu dieser Schuld, der Schuld der Zerstörung des mütterlichen Körpers, beschreibt uns Klein eine Zeit der Wiedergutmachung oder der Wiederherstellung. Was bedeutet wiedergutmachen? Was bedeutet wiederherstellen? Das bedeutet, dass man annimmt, der Körper der Mutter bleibe letztlich siegreich gegenüber den Angriffen und gegenüber der Begierde des Kindes, ihn zu zerstören. Diese Wiedergutmachung enthält jedoch für mich einen doppelten Aspekt. Und vielleicht ist hier der Begriff der Wiedergutmachung nicht ohne Vorsichtsmaßnahmen zu gebrauchen. Ein ganz einfach pathologischer Aspekt, das heißt, diese Wiedergutmachung wird zu einer Art endloser Aufgabe: Man hört nie damit auf, das, was man zerstören will, wieder auf die Beine zu bringen, wiederherzustellen; man ist nie sicher, es wiederherzustellen, oder falls man sicher ist, es wiederherzustellen, so geschieht dies in einer Art von Allmachtsgefühl. Eine Wiedergutmachung hingegen, die man normal nennen könnte, würde auch der Tatsache Rechnung tragen, dass man das, was man zerstört hat, nie genau so wiederherstellen kann; sie würde auch der Tatsache Rechnung tragen, dass das Objekt nicht völlig gut ist, dass es auch ambivalent ist, dass es unter diesen oder jenen Aspekten zugleich gut und böse ist, und dass man selbst nicht völlig gut oder völlig böse ist. Das bedeutet schließlich, die Idee zu akzeptieren, dass man nicht durch Rückkehr zum »Status quo ante« wiedergutmacht, sondern dass man etwas anderes aufbaut, dass man wiedergutmacht, indem man etwas Neues baut. Freud zitiert gern den Chor des *Faust*: »Weh! Weh! Du hast sie zerstört die schöne Welt, [...] sie stürzt, sie zerfällt! [...] Prächtiger baue sie wieder, in deinem Busen baue sie auf!«

Es gibt also einerseits eine Wiedergutmachung, die nur eine Replik wäre und die sich schließlich an dem Begriff des Nicht-Wiedergutmachbaren stößt: Was zerstört oder was beschädigt ist, wird nie wiedergutgemacht werden. Es gibt andererseits auch eine Wiedergutmachung, die Rekonstruktion und Erfindung wäre. Manche werden hier vielleicht den lacanianischen Gegensatz zwischen dem Imaginären und dem Symbolischen ausfindig machen wollen; aber ich, meinerseits, verhärte nur ungern diesen Gegensatz, denn jede Wiedergutmachung befindet sich zwischen den beiden eingeschlossen, zwischen der Nostalgie des Unversehrtseins und dem Akzeptieren des Zusammenbruchs als Ansporn zu einer neuen Schöpfung.

Es gibt noch einen anderen Ausdruck, den ich, bevor ich ein Wort zur Vergeltung sage, wieder einführen möchte, und zwar den der *Verzeihung.* Es ist sehr traurig, dass der Begriff der Verzeihung aus unserer sozialen Welt gleichsam verschwunden ist. Die Amnestie der Delikte, der wir regelmäßig beiwohnen, ist nur eine schwache Karikatur der Verzeihung. Ich würde also die These vorschlagen, dass jede Wiedergutmachung nur in dem Maße ihre befriedende und stabilisierende Wirkung haben kann, in dem sie durch eine gegenseitige Anerkennung vermittelt wird, in dem Maße, in dem sie aus einer Wiedergutmachung *von* etwas zu einer Wiedergutmachung *an* jemandem wird. Das schließt ein, dass der andere verzeiht, aber notwendigerweise auch, dass man sich selbst verzeiht. Natürlich könnte ich mich auf eine wohlbekannte Dialektik, auf jene Hegels, stützen.

Die Vergeltung. Ich habe vor ungefähr zwei Jahren behauptet, und zwar in einem Artikel, in dem ich ein wenig durch meinen Trieb getrieben wurde (ich besitze nicht die Angewohnheit, mich in derartige Improvisationen einzulassen), dass mit der Talion auch das Gesetz heraufdämmerte. Natürlich ist dies eine Behauptung, die skandalös erscheinen kann. Die Talion bedeutet natürlich »Aug' um Aug'«; sie bedeutet auch: Du wirst an dem bestraft werden, mit dem du gesündigt hast. Sehen Sie, hier haben wir bereits den ersten Umriss einer Bewegung, einer Entwicklung. Jemandem, der ein Auge ausgestochen hat, die Hand abschneiden, das ist bereits kein »Aug' um Aug'« mehr. Was kann ein Psychoanalytiker feststellen? Dass die Vergeltung selbst in ihrem gröbsten Ansatz (welcher tatsächlich jener der Talion ist) Äquivalenzen aufstellt; und es ist unmöglich, zu vergessen, dass der Ausgangspunkt der Äquivalenzen, beim Menschen, Äquivalenzen von

Organen sind: Äquivalenz desselben oder des Ähnlichen (Aug' um Aug'); Äquivalenz des »Nahen«: die Hand für das Auge. Diese Äquivalenzen sind das tägliche Brot des Psychoanalytikers. Das hysterische Symptom zeigt uns, dass du an dem bestraft wirst, mit dem du gesündigt, mit dem du begehrt hast; du bist blind, auf hysterische Weise, weil du zu sehen begehrt hast. Du bist gelähmt, weil du irgendwohin zu sehen begehrt hast. Und das hysterische Symptom zeigt ebenfalls die Existenz einer Beweglichkeit. Mittels einer »Verschiebung« von einem Organ zu einem anderen beginnt dieses Spiel der Äquivalenzen eine feste Form anzunehmen. Ein Beispiel: das Auge für die Kastration im Ödipusmythos; Ödipus sündigt mit seinen Geschlechtsorganen und er wird am Auge bestraft; vielleicht könnte man sogar sagen, dass er bereits bestraft wurde, bevor er noch gesündigt hatte: am Fuß, an dem er als Neugeborener aufgehängt wurde. Nun wurden diese Organäquivalenzen beim Kind von Freud als »symbolische Äquivalenzen« beschrieben, ein Ausdruck, über den ich Sie nachzudenken bitte. Freud behauptet, dass die ersten symbolischen Äquivalenzen jene der Brust, der Fäkalien, des Penis und des Kindes sind. Interessant dabei ist, dass innerhalb dieser Äquivalenzen das menschliche Individuum selbst als ein Element unter anderen Elementen erfasst wird.

Die Psychoanalyse ist die Kenntnis dieser Verschiebungen und Äquivalenzen. Und es ist offensichtlich, dass sie sich auf einer gewissen Ebene mit den seit Hammurabi von jedem Strafgesetzbuch aufgestellten Äquivalenzen trifft. Die Frage für den Psychoanalytiker – und auch für den Strafrechtler – besteht darin, zu wissen, ob es eine letzte Äquivalenz gibt, ob diese symbolischen Gleichungen durch die Aufstellung eines universalen »Standards« gerechtfertigt oder vereinfacht werden. Eine Antwort auf diese Suche nach einem »universalen Schlüssel« findet man in einer gewissen phallozentrischen Auffassung Freuds. Unter all jenen Organen, die untereinander gleichwertig sind, und zwar in Bezug auf ihren Verlust, auf die Tatsache, dass sie abgeschnitten werden oder werden können, dass es sich tatsächlich darum handelt, jemanden zu bestrafen, indem man es von ihm entfernt, wäre es nach Freud der »Phallus«, welcher alles in eine glückliche Ordnung bringen würde: der »Goldstandard«, wenn man so sagen darf. Diese Lösung ist indessen, wenn sie auch unleugbar existiert, nicht die einzige.

Wir wissen, dass es andere universale, der modernen Justiz, die kaum mehr die Kastrationsstrafe anwendet, angemessenere Äquivalenzen gibt. Wir haben die Äquivalenz des Geldes und wir haben die Äquivalenz der Zeit: die Geldbuße und das Gefängnis. Man sagt, dass es in unserer modernen Zivilisation einen Fetischismus des Geldes gibt, aber wer »Fetischismus« sagt, drückt gleichzeitig eine gewisse »Universalisierung« aus. Dieser Übergang von einem »Gebrauchswert« zu einem »Tauschwert« bedeutet den Versuch, eine Antwort auf jene Frage zu geben, die von den Nationalökonomen und auch von den Juristen gestellt wird: Wie kann man das Qualitative quantifizieren? Die Nationalökonomen stellen die Frage, denn mein Leid oder meine Freude sind nicht bezahlbar. Aber auch die Juristen gehen ihr nach, denn sie stellen sich die Frage, wie ein Verbrechen, ein Rechtsbruch »vergütbar« und was sein Abrechnungsstandard sein kann. Auffallend ist dabei das Fehlen an Erfindungsgeist in unserer Epoche, was die Vergeltung und die Vergeltungsweisen betrifft. Warum fühlen wir das Bedürfnis nach einem allgemeinen Vergeltungsstandard? Die Quantifizierung der Strafe, falls man sie auf den qualitativen Aspekt des Deliktes bezieht, ist an sich undenkbar (wie es ebenfalls die Aporie der Wiedergutmachung zeigt, denn das, was zerstört worden ist, wird nie wiedergutgemacht, sondern in einer neuen Art und Weise wiedererrichtet werden). Die Tat ist einzig und einmalig. Und auf diese Feststellung gründet sich eine Strafrechtsphilosophie, die den Urteilsspruch »individualisieren« möchte, auf die Gefahr hin, jeglichen Begriff des Taxierens, des Abwägens zu beseitigen. Genauso wie eine Volkswirtschaft funktioniert sie gemäß dem »Gebrauchswert«, die Negation jeglicher Volkswirtschaft wäre, genauso wäre es mit einer Justiz, die behaupten würde, den Rechtsbrecher nur »auf Herz und Nieren zu prüfen«. Denn das Bedürfnis zu vergelten, folglich zu quantifizieren, findet seine Berechtigung nur in der Intersubjektivität. Das Bedürfnis nach Gerechtigkeit ist auch ein Bedürfnis nach Gleichheit. Und ich beziehe mich hier auf jenen Mythos der Horde, zu dem ich vorhin deutlich bemerkt habe, dass ich ihm keinerlei historischen Wert zuerkenne: Die Söhne, die den VATER getötet haben, schließen durch den Mord selbst den Pakt einer »brüderlichen« Gesellschaft, in welcher sämtliche Vorsichtsmaßnahmen ergriffen werden, um sicherzustellen, dass von nun an keiner von ihnen sich die Rolle des Tyrannen aneigne. Wir kennen das in allen Familien: Eifersucht und das Empfinden einer Ungerechtigkeit sind an erster Stelle ein *Anspruch auf Gleichheit* zwischen Geschwistern.

Kommen wir noch einmal auf das Bedürfnis nach Gerechtigkeit zurück! Es ist im Bezug auf die komplexen Bewegungen der Identifizierung und der Mehrzahl der psychischen Personen zu verstehen. Ein so verschrienes, ein so »niedriges« Gefühl, so behauptet man, wie die Eifersucht, der Neid oder der Hassschrei der Menge sind zu verstehen als subjektive Übersetzung eines Mangels an Gleichgewicht und als Tendenz zur Wiederherstellung einer gewissen Ordnung. In der psychoanalytischen Sprache nennen wir das eine Bindung des Triebes. Das bedeutet, dass der Trieb nicht mehr dem Primärprozess, dem unendlichen Spiel der Äquivalenzen ausgesetzt ist, sondern endlich in einem gewissen, präzisen Szenario Eingang findet.

Wir wollen Folgendes, was mir unsere ganze Beziehung zur Justiz in konzentrierter Form auszudrücken scheint, im Sinne behalten und dem Ausdruck verleihen, was wir der Justiz, über eine vulgäre »Psychoanalyse« hinaus, zeigen können: Das Bedürfnis, *bestraft zu werden,* und das Bedürfnis, dass der *andere bestraft wird,* sind nicht zwei verschiedene, pathologische Begierden, wovon die eine »masochistisch« und die andere »sadistisch« genannt werden könnte. *Es handelt sich grundsätzlich um ein und dasselbe Bedürfnis*: danach, dass endlich dem Nicht-Beherrschbaren des Todestriebes im anderen und in jedem von uns eine Grenze, eine »Bindung« aufgezwungen werde.

Schlussfolgerungen? Ich habe vielleicht etwas zu lang gesprochen und werde nur noch Folgendes sagen: Der Psychoanalytiker ist nicht fähig – und beansprucht es auch nicht –, soziale oder juristische Lösungen zu liefern, da er sich sogar für unzuständig erklärt, therapeutische Lösungen der Kriminalität vorzuschlagen. Ich habe Ihnen eher Ungewissheiten mitgebracht; viel Skeptizismus in Bezug auf die Welt von getrennten Rechtssubjekten. Aber ich habe auch bestimmte Gewissheiten gebracht. Eine negative Gewissheit, die sowohl auf dem juristischen Gebiet als auch in der psychoanalytischen

Erfahrung Geltung hat: Es ist die Disqualifizierung des Utilitarismus beim Menschen; eine Psychologie der Anpassung ist eine im Wesentlichen falsche Psychologie, die den triebhaften, sexuellen Kräften des menschlichen Wesens keine Rechnung trägt. Das menschliche Wesen lebt und ernährt sich zuerst von Liebe und Hass, bevor es sich ernährt, um zu überleben. Das ist es, was uns die Psychoanalyse zeigt. Und dann noch eine zwar positive, allerdings nicht sehr optimistische Gewissheit darüber, dass die Schuld und die Angst dem menschlichen Wesen inhärent sind, sie sind Hemmschuhe, aber auch Kräfte, und die ständige Suche nach einer höheren Stufe der Symbolisierung ist genau das, woraufhin sie drängen. Schließlich habe ich einen vielleicht etwas naiven Idealismus vorgeschlagen: Kann man dazu beitragen, Ausdrücken wieder Sinn zu verleihen, wie Verantwortung (im Sinne von: für etwas oder jemanden verantwortlich sein), wie Wiedergutmachung (im Sinne von: Wiedergutmachung jemandem gegenüber leisten und nicht etwas wiedergutmachen), wie Vergeltung (als symbolische Ordnung, die es zu schaffen gilt, und nicht als simple Arithmetik) und vielleicht auch noch wie den Begriff der Verzeihung?

Muss man Melanie Klein verbrennen?[1]

Warum habe ich diesen Titel gewählt, der uns allem Anschein nach in die Zeiten des Obskurantismus verweist, in die Zeiten der Inquisition, in denen man Menschen und Werke verbrannte? Man verbrannte sie jedoch nicht, ohne zu versuchen, den Besessenen dazu zu bringen, dass er seine, von ihm selbst nicht gewusste Wahrheit gestehe, nämlich den Teufel, der in ihm war.

Ich möchte zunächst betonen, dass die Bilder von Dämonen, von Hexen und Besessenen nicht nur in der Klinik, sondern auch in der psychoanalytischen Theorie sehr geläufig sind. Von einer meiner Studentinnen wurde vor kurzem eine Doktorarbeit mit dem Titel *Freud und der Teufel*[2] abgeschlossen, die zeigt, wie sehr diese *Imagos* mit dem Freud'schen Denken und dessen Entfaltung wesensverwandt sind. Gewiss, eine rationalistische, mit der sogenannten Aufklärungsphilosophie verwandte Denkart ist ein anderer Aspekt des Freud'schen Denkens: Da, wo die Vernunft in Erscheinung tritt, sollen angeblich die Dämonen der Nacht für immer verschwinden: *Afflavit et dissipati sunt.*

Aber nicht weniger stark ist bei Freud die unzerstörbare Begeisterung für den Teufel, sie ist unbeugsam gegenüber allen Versuchen, den Teufel auf eine Illusion zu reduzieren. Und dies so sehr, dass die Metapsychologie selbst, der theoretischste Aspekt seines Werkes, manchmal mit einer Hexe verglichen wird. Ich erinnere auch an den brillanten Nachruf auf Charcot.[3] Freud zeigt darin, dass von dem Augenblick an, in dem man nicht mehr über die Hysterischen spottete, die Entdeckung der Psychoanalyse unmittelbar bevorstand. Jene weinende Hysterische muss wohl Recht haben. Sie muss sogar Recht haben, *wenn sie sagt, dass sie nicht weiß*, warum sie weint. Man war also gezwungen, eine Spaltung ihres Bewusstseins anzunehmen. Aber

1 Ein an der Fakultät für Psychologie der UNAM (Mexiko) am 23. Februar 1981 gehaltener Vortrag.

2 L. de Urtubey (1983): *Freud et le diable*. Paris.

3 S. Freud: *GW I*, S. 19–35.

wie kann man eine so fremdartige Sache akzeptieren, dass man weiß, ohne zu wissen? Welches Modell kann man für die Spaltung finden? Es hätte genügt, meint Freud, sich daran zu erinnern, dass die Menschheit seit Jahrhunderten oder Jahrtausenden dieser Teilung und diesem Leiden, weitestgehend unter dem Namen der Besessenheit, Rechnung trägt. Charcot plus die Exorzisten und die ganze Psychoanalyse sind bereits da.

Soweit und bis zu diesem Punkt geführt, wird der Teufel fast zu einem Begriff oder einem Vor-Begriff. So wie die Hysterische müssen auch der Besessene *und* der Exorzist irgendwie Recht haben. Und es ist natürlich die absolute Fremdheit des Unbewussten, die für die Idee der Besessenheit eine Grundlage liefert. Eine kaum modernere Form der Besessenheit wird der »innere Fremdkörper« sein. Freud selbst widerstrebt es nicht, in dieser Besessenheitsphantasie, die nur eine Abwandlung der Verführungstheorie ist, sämtliche Plätze zu besetzen: jenen des Exorzisten, jenen des Besessenen, aber auch jenen des »eindringenden« Teufels.

Mit diesem Titel: *Muss man Melanie Klein verbrennen?* wollte ich natürlich jener Frau, die viele als den größten schöpferischen Geist nach Freud betrachten, eine große Ehre erweisen und sie in die »lodernde« Tradition einreihen (so wie man von der lodernden Gotik spricht[4]), welche den fremdartigen, feindlichen, beängstigenden Charakter »unserer inneren Welt« anerkennt.

Man hat, im Zusammenhang mit Klein, von einer »Dämonologie«, und zwar in einem herabsetzenden Sinn, gesprochen. Die Dämonologie soll angeblich etwas sein, das sich der Psychologie entgegensetzt, da sie aus unseren Phantasien Wesenheiten, *wirkliche Wesen* macht, die angreifen, die sadistisch oder verängstigt und eingeschüchtert sind. Man hatte bereits vom Anthropomorphismus Freuds gesprochen, um die »kindische« (!) Idee zu kritisieren, dass wir in uns kleine, menschenähnliche Wesen hätten, die miteinander kämpfen. Es ist nun so, dass die Klein'schen »Objekte« diesen Realismus noch mehr auf die Spitze treiben, und das ist meiner Meinung nach dieselbe fruchtbare Richtung, die Richtung der psychischen Realität, die uns der Anthropomorphismus und die Dämonologie weisen.

4 Die Spätgotik wird auf Französisch die »lodernde Gotik« (le Gothique flamboyant) genannt. (A. d. Ü.)

Verbrennt man heute noch Hexen unserer Zeit? In psychoanalytischen Kreisen ist man manchmal nicht weit davon entfernt. Andere vor mir haben die Teufelsaustreibungszeremonie beschrieben, die sich während des *Blitzkrieges** in den Kellern Londons abspielte: Es ging darum, Melanie Klein aus der psychoanalytischen Bewegung auszuschließen. Und die dieser Zeremonie zugrunde liegende Leidenschaft zeigt, dass es um etwas ganz anderes ging als nur um Theorie, um die Bildung von Begriffen oder auch nur um die Klinik. Heutzutage versucht man (in einem gewissen Sinne unglücklicherweise) nicht mehr, Klein zu verbrennen. Man lässt sie außer Acht oder man isoliert sie. Manchmal hängt man an ihrem Dogma ein wenig in der Art, wie man an irgendeinem »billigen Rezept« hängen kann. Jene, die Klein isolieren oder außer Acht lassen, sind wohl die Anhänger eines engen Rationalismus, sie haben seit langer Zeit Freuds Deutungslektion vergessen, eine Lektion, welche mit denselben Worten weitertönt: *Melanie Klein muss, in einem gewissen Sinne, Recht haben.*

Ich betrachte mich weder als einen Anhänger der Philosophie der Aufklärung noch als Anhänger des, in einem Teil der analytischen Welt herrschenden, psychologisierenden Rationalismus. Aber ich bin auch kein Anhänger des Kleinismus, der, als Bewegung und als Lehre, schon immer mein Misstrauen geweckt hat. Was diese Bewegung kennzeichnet, ist ein wahrhafter Bekehrungseifer, das Nichtinfragestellen der Grundbegriffe und vor allem die Rückkehr zu einem Hegemonismus – über andere Wege –, es ist ein neuer Versuch, das psychoanalytische Denken zu einer allgemeinen Erklärung, zu einer Gesamtpsychologie zu machen: was mir, paradoxerweise, eine Verflachung des Klein'schen Beitrages zu sein scheint.

Ich wäre noch weniger dazu bereit, zu einem Anhänger der von Klein eingesetzten Technik zu werden; einer Technik, deren einziger Verdienst darin besteht, den Akzent wieder auf die Phantasie gelegt zu haben, und zwar sogar in den Deutungen der Abwehr; einer Technik, die jedoch, wie mir scheint, die Freud'sche Methodologie der Deutung fast vollständig aufgegeben hat. Das Bombardieren mit Deutungen ist nur der auffallendste Aspekt davon. Was offensichtlich ist, ist das Aufzwingen eines a priori errichteten symbolischen Systems, welches grob das schrittweise Vorgehen der Freud'schen Analyse missachtet. Letztere war vor allem dazu bestimmt, dem Primärprozess seine Chance zu geben und ihm Gehör zu verschaffen; und es ist erstaunlich, dass einer Theorie, die sich sehr nahe zu den tiefsten Vorgängen des Unbewussten befindet, nichts Besseres gelungen ist, als sich in eine Methode zu übersetzen, welche auf ein äußerst stereotypes Entschlüsseln der bedeutsamen Aussagen und Gesten des Patienten hinausläuft, ohne den Assoziationsprozess, die historischen und individuellen Bezüge oder die Tausende von Anzeichen zu berücksichtigen, welche uns verraten, ob die Deutung auf dem rechten Wege ist oder nicht.

Wenn ich also keineswegs ein Klein-Anhänger bin, so bin ich doch auch nicht einer von jenen, die beschließen, dass die Hexenmeister, die Anhänger des Dämons, in einer Art von ideologischem Ghetto eingesperrt werden, ein Einsperren, welches ohne großen Aufwand gestattet, das außer Acht zu lassen, von dem sie behaupten, dass es nicht auf das »Maß aller Dinge«, das heißt auf unser eigenes *Ego* zurückgeführt werden kann.

Die Abwehr gegenüber Klein durch ein Ungeschehenmachen ist nur eine Abart der allgemeinen Abwehr gegenüber der Analyse und ihren fundamentalen Entdeckungen. Freud fasst jene Abwehr am Beginn von *Die Sexualität in der Ätiologie der Neurosen* in malerische Worte: »Es wird also nicht schwerhalten, dieser Lehre die Originalität zu bestreiten, wenn man einmal darauf verzichtet haben wird, ihre Triftigkeit zu leugnen.«[5] Mit anderen Worten: Es ist falsch, und falls es wahr ist, ist es nicht neu. Wir erkennen eine gegen Freud und Klein gerichtete Abwandlung des berühmten Kessel-Argumentes.[6] Die Hexe schreit natürlich nach dem Kessel …

Wie macht denn das psychoanalytische Denken Fortschritte? Mittels Wiederholung und Durchbruch, mittels Banalisieren und Wiederaufnahme von Behauptungen, mittels Zirkulieren und Vertiefen. Die bahnbrechenden Momente bedeuten auch Rückkehr zur Quelle. Die Vertiefung ist eine Wiederaufnahme der Behauptung des ursprünglichen Anspruchs. Ich möchte hier zwei von diesen Momenten des Durchbruchs in Erinnerung rufen, die durch den Kleinismus inspiriert sind.

---

5 S. Freud: *GW I*, S. 491.

6 »Erstens habe ich von B überhaupt keinen Kessel entlehnt; zweitens hatte der Kessel bereits ein Loch, als ich ihn von B übernahm; drittens habe ich den Kessel ganz zurückgegeben.« (S. Freud: *GW VI*, S. 66; *GW II/III*, S. 125)

Der erste Moment ist die Debatte über die Psychoanalyse von Kindern, welche Anna Freud und Melanie Klein, also die Erbin dem Fleische und gewissermaßen dem Buchstaben nach, und die Erbin dem Geiste nach, einander gegenüberstellt.[7] Ich werde die Hauptpunkte anschaulicher darstellen: die Technik des Spiels, das Problem der Erziehung und jenes der Übertragung.

Die Technik des Spiels: Klein ist nicht die absolut Erste, aber sie treibt diese Technik bis zu ihrer äußersten Grenze, bis zum System. Das Spiel ist für sie, mit vollem Recht, ein Äquivalent für die freien Assoziationen. Anna Freuds Einwand scheint zu den Selbstverständlichkeiten zu gehören: Das Spiel des Kindes hat eine Funktion oder sogar mehrere Funktionen. Es hat eine offensichtliche Rolle in der Entwicklung, im Fortschritt der Beziehungen zur Umwelt, in der Beherrschung der Affekte usw. Darin etwas rein Symbolisches, das Äquivalent von Worten zu sehen, wäre deshalb ein nicht zu rechtfertigender Gewaltstreich. Es handelt sich hier um eine Frage, die ich Ihnen so nahebringen möchte, dass Sie spüren, wie sehr sie *über ein rein technisches Problem hinausgeht.*

Der wesentliche Kern der Antwort von Klein (welchen ich klarer herausarbeite, als sie selbst es getan hat) besteht darin, dass das Spiel in der Analyse zu etwas anderem wird als das objektiv betrachtete Spiel; es *verwandelt* sich in der Analyse zum Äquivalent einer Rede. So wie die Rede der Analysierten eignet sich das Spiel für die Deutungs-, Bestätigungs-, Symbolisierungsbewegungen: In der Analyse richtet sich das Spiel an den Analytiker.

Ich werde eine Schlussfolgerung in meinen eigenen, persönlichen Worten hinzufügen: Es ist nötig, die Trennung zwischen dem, was in der Analyse geschieht, und dem, was sich außerhalb befindet, anzuerkennen; es ist das, was wir die Bildung des »Containers« nennen, die nur durch den Ausschluss des auf Anpassung Abzielenden, des Funktionellen (worauf sich Anna Freud beruft), geschehen kann. Das Spiel, würden die Lacanianer

7 Vgl. die Antwort M. Kleins auf »A. Freuds Beitrag zum 1. Internationalen Kongreß der Psychiatrie (1950)« (Die franz. Übersetzung ist erschienen in: *Psychanalyse à l'université*, Bd. 8, No. 32, Sept. 1983, S. 507ff.).

sagen, ist eine Sprache. Aber man kann das Argument auch umdrehen, es ist also nicht entscheidend: Nicht jede Sprache ist von der Übertragung erfasst, nicht jede Sprache ist Sprache gemäß der Liebe und dem Hass. So muss man innerhalb der Sprache dieselbe Trennung vollziehen wie innerhalb des Spieles. Wie es auch sei, es ist beachtenswert, wie wenig Vertrauen Anna Freud in die Analyse setzt: Sie glaubt nicht an die Besonderheit der analytischen Situation, die imstande ist, das Spiel wie auch die Sprache »umzustülpen«.

Unser zweiter Punkt ist der Einwand, der auf die Erziehung zielt: Anna Freud ist von der Gefahr, die Triebe zu befreien, terrorisiert. Es handelt sich hier um eine sehr mechanistische Auffassung: Die Triebe befänden sich demnach auf der rein biologischen Seite und das Über-Ich auf der sozialen Seite. Klein antwortet zunächst mit dem Hinweis, dass sie niemals eine derartige Befreiung der Bösartigkeit der Triebe festgestellt hat, und dies trotz einer absolut nicht-erzieherischen Technik. Was den wesentlichen Kern betrifft, so bringt sie den Begriff des frühen Über-Ichs ins Spiel. Das Über-Ich, behauptet sie, ist in einem nur sehr geringen Maße der »Abdruck« der elterlichen Verbote. Seine Strenge kann in einem Gegensatz zu der elterlichen Permissivität stehen. Dies ist ein Punkt, den Freud selbst in *Das Unbehagen in der Kultur* gezwungen war, anzuerkennen.

Wenn dem so ist, dann wird eine dialektische Auffassung notwendig. Das Triebhafte und das Erzieherische, die reine Begierde und das reine Gesetz, stehen einander nicht in einem absoluten Gegensatz gegenüber. Die grausamsten Verbote haben ihre Wurzeln im Es; im Sadismus des Es. In rein erzieherischen Begriffen zu denken, bedeutet die Tatsache außer Acht zu lassen, dass man Gefahr läuft, Verbote auf den Triebwurzeln aufzubauen, die man sich weigert zu analysieren. Dies wird mit dem dritten Diskussionspunkt noch klarer werden: mit der Übertragung und ihrer Möglichkeit.

Anna Freuds Einwand ist zugleich extrem klassisch – gewissermaßen unwiderlegbar – und völlig außerhalb der Fragestellung. Sie bezieht sich auf die Analyse von Erwachsenen: Hier liegen die Eltern weit zurück; der Ödipuskomplex ist vorüber, wie man sagt; es bleibt nur die Erinnerung daran. Die Übertragung wäre also die Wiederholung dieser ehemaligen Situation. So ist die Auffassung des analytischen Prozesses sehr einfach: Sein

Wesen besteht darin, den Erwachsenen zu desillusionieren. »Sie irren sich, Sie betrachten mich als Ihren Vater (oder Mutter). Das ist ein Anachronismus.« Bei dem Kind jedoch, erinnert Anna Freud, ist die Beziehung zu den Eltern noch da, sie ist aktuell. Daher dieser doppelte Einwand: Die Übertragung ist unmöglich; aber falls sie ausnahmsweise möglich wäre, so wäre das eine effektive Substitution, ein wahrer Kindesraub.

Wie antwortet Melanie Klein? Sie gibt zunächst eine chronologische, genetische Antwort, die nicht auf den Grund der Dinge geht: Mit zweieinhalb oder drei Jahren, so meint sie, wenn ich die Kinder in Behandlung nehme, ist das Wesentliche ihres Unbewussten bereits ausgebildet, es liegt hinter ihnen. Das geht nicht auf den Grund der Dinge, denn man verschiebt damit nur zeitmäßig den behaupteten Prozess der Analyse von Erwachsenen: Archaismus und Desillusion.

Das *Wesentliche* der Antwort, so wie ich sie deute, liegt ganz woanders: Es ist die Behauptung der inneren Welt, der primitiven *Imagos.* Diese Imagos sind nicht die Erinnerung wirklicher, früherer Erlebnisse; sie sind das introjizierte Sediment dieser Erlebnisse – jedoch ein, durch diesen Prozess der Introjektion selbst, verändertes Sediment. »Wir dürfen keineswegs die wirklichen Objekte mit jenen von den Kindern introjizierten identifizieren.« Es gibt zwischen ihnen einen »grotesken Kontrast«. So – werden wir sagen – ist die Introjektion die Gründung einer inneren Welt, ein Prozess, der nichts mit einer Gedächtnisbildung zu tun hat. Man sieht, wie die chronologische Antwort unzulänglich war.

Das wesentliche Problem der Übertragung lässt sich nicht auf eine Beziehung Vergangenheit/Gegenwart reduzieren; es liegt in dem Verhältnis zwischen dieser inneren Welt und den neuen Verhältnissen, die sich bilden. In diesem Sinne darf man sich nicht fürchten zu sagen, dass selbst das Verhältnis zu den wirklichen Eltern eine Übertragung ist. Dies ist hier die einzige Art und Weise, um die Analyse des kleinen Hans zu klären und zu rechtfertigen: Dass Freud die Rolle des Analytikers dem eigenen Vater des kleinen Hans anvertraut, setzt in der Tat voraus, dass eine Übertragung *auf den Vater* möglich war.

Unsere Schlussfolgerung, was die Revolution der Analyse von Kindern betrifft, wird also eine doppelte sein: Die Behauptung einer von Dämonen bevölkerten *inneren Welt*, welche keineswegs der Erinnerungsabzug einer früheren, wirklichen Welt ist, selbst wenn sie ihre Vorstellungen dieser früheren Welt entlehnt. Und die Behauptung, dass die *Analyse* sowohl beim Kind als auch beim Erwachsenen *jene Trennung* zwischen der adaptiven Welt und der Welt, in der Liebe und Hass herrschen, *wiederholt und erneuert.*

Zweiter *Donnerschlag*: Es ist die große, bahnbrechende, zugleich klinische und theoretische Entdeckung, welche am Beginn des berühmten Artikels aus dem Jahre 1934 *Beitrag zur Psychogenese der manisch-depressiven Zustände* zusammengefasst ist:

> In meinen früheren Schriften habe ich über eine Phase berichtet, welche die Kinder während der allerersten Monate ihrer Existenz durchmachen und in der der Sadismus sich auf seinem Höhepunkt befindet. Während der allerersten Monate seiner Existenz richtet der Säugling seine sadistischen Tendenzen nicht nur gegen die Brust, sondern auch gegen das Körperinnere seiner Mutter; er wünscht es zu leeren, indem er den Inhalt verschlingt, und es mit allen vom Sadismus bereitgestellten Mitteln zu zerstören.[8]

Wo ist das Neue? Worin besteht die Entdeckung? Vorsicht! Weder Melanie Klein selbst noch die Kleinianer sind vielleicht die Geeignetsten, um darüber zu urteilen und die Entdeckung zu deuten.

Schließlich, *könnte man sagen,* hat Freud den Todestrieb entdeckt. Eine banale Ansicht: Er hat den Todestrieb der Sexualität *hinzugefügt*, und es war Klein, die dieser neuen Entwicklung ihren vollen Umfang gegeben hat. Eine rein äußerliche Ansicht: Die Analyse würde demnach ihre Fortschritte mittels einander folgender Zusätze machen und zwar in dem Maße, in dem neue Gebiete erforscht werden. Eine solche kumulative Auffassung trifft nicht einmal für die Naturwissenschaften zu. Die wissenschaftliche Bewegung ist immer Vertiefung, und in der Psychoanalyse gibt es keine solche Vertiefung ohne unablässige Rückkehr zum ursprünglichen Anspruch.

Der Todestrieb Freuds und der infantile Sadismus einer Klein treffen einander wohl auf der Ebene des ursprünglichen Anspruchs, aber nicht derart, wie es der eine oder die andere glauben würde. Denn so wie ich es sehe, ist der Todestrieb selbst kein Zusatz zur Theorie der Sexualität, sondern er ist ihre Vertiefung. Und ebenso ist die Erforschung des Sadismus durch Klein die

8 M. Klein (1934): *Beitrag zur Psychogenese der manisch-depressiven Zustände.*

Vertiefung, die Erneuerung der ursprünglichen Entdeckung, jener der *Drei Abhandlungen*. Man muss betonen, dass Klein den Sadismus an den Ursprung verlegt, vor die Liebe, genauso wie Freud die Sexualität an den Ursprung verlegt, vor die Objektliebe. Die beiden Entdeckungen klingen gleich: skandalös, fraglich, unausweichlich. In beiden Fällen handelt es sich um etwas heftig Geleugnetes, von den Erwachsenen Bekämpftes; dies ist fast die einzige Definition Freuds der infantilen Sexualität: das, was die Erwachsenen mit allen ihren Kräften nicht sehen wollen. Und in der Tat, es ist etwas für die objektive Beobachtung kaum Sichtbares. Die infantile Sexualität ist vor allem etwas, das Freud aus der Analyse von Erwachsenen gefolgert hat. Man wird sagen: Melanie Klein nähert sich mehr den Kindern. Meinetwegen. Aber sie *folgert* genauso wie Freud aus jenen, die sie analysiert (Kinder zwischen drei und fünf Jahren) und zieht daraus Schlüsse auf das erste Lebensjahr. Es ist dabei kaum von Bedeutung, dass das zeitliche Intervall kleiner wird: Das Wesentliche ist, dass sie ihre Schritte in die Vergangenheit oder zum Ursprünglichen hin lenkt.

Gehen wir noch weiter: Diese doppelte »Entdeckung« widerspricht zum Teil der direkten Beobachtung. Außer in pathologischen Fällen sind weder die infantile Sexualität Freuds noch der ursprüngliche Sadismus Kleins offenkundige oder zumindest konstante Erscheinungen des Verhaltens eines Säuglings. Es sind verstreute, punktuelle Erscheinungen, was aber ihre Bedeutung keinesfalls vermindert. Denken wir an das grauenhafte Bild der Zerstörung, der Folter, der Vernichtung und Explosion, das uns Klein in der Analyse von Richard ausmalt. Es ist vollkommen illusorisch, zu behaupten, dass dieses in der Analyse eines zehnjährigen Kindes wiederaufgefundene Bild der *wirkliche* Erinnerungsabzug dessen ist, was sich in seinem Leben, als er ein oder zwei Jahre alt war, zugetragen hat. Ohne auf diesem Unterschied zwischen dem beobachteten Säugling und der in der Analyse wiederaufgefundenen inneren Welt länger zu bestehen, wollen wir nur vermerken, dass Klein selbst diesen Unterschied zweifellos gesehen hat. Ihr Artikel *Bei der Beobachtung des Säuglingsverhaltens* legt eine ganz unterschiedliche Beschreibung vor: ein Säugling, der ruhiger und freundlicher ist. Manchmal vorübergehend jähzornig, aber keineswegs der in der Analyse wiederaufgefundene Säugling, welcher ohne Unterbrechung den gewaltsamsten inneren Kämpfen ausgeliefert war.

Halten wir einen Augenblick inne. Es sieht so aus, als ob ich Melanie Klein zerstörte, indem ich ihre Widersprüche hervorhebe. Aber mein Ziel ist ein ganz anderes: zu zeigen, auf welche Weise, über jene Widersprüche hinaus, die Ansprüche von Freud und Klein zusammentreffen, sich gegenseitig vertiefen. Dieser Anspruch ist die Anerkennung einer unbewussten Welt, die etwas ganz anderes ist als der vergessene Abzug unserer Kindheit. Es ist die Anerkennung der Wahrheit des Triebes jenseits der biologisierenden Assimilierungen, welche aus ihm eine Spielart des Instinktes und der adaptiven Verhaltensweisen machen würden (selbst wenn diese bruchstückhaft, unzulänglich und mangelhaft sind). Die Wahrheit des Triebes, seine Bildung, so wie ich sie verstehe, ist von dem, was ich die Zeit *auto*-(selbst) nenne, nicht zu trennen: die Wendung auf die eigene Person, welche zu gleicher Zeit die Bildung des inneren, angreifenden Objektes ist.

Nehme man doch die ersten Entdeckungen Freuds auf dem Gebiete der Sexualität: Diese ist von dem Begriff des inneren, erregenden, im Innern »entfesselten« (entbundenen*) Fremdkörper nicht zu trennen. Dieser innere Fremdkörper ist es, welcher sich in dem Moment ablagert, in dem das Objekt der Selbsterhaltung verloren ist. Nehme man die Freud'sche Theorie des Todestriebes, auch hier herrscht die Priorität der Zeit *auto*-(selbst), der Zeit der Selbstzerstörung oder des ursprünglichen Masochismus. Nehme man schließlich die innere Welt der Melanie Klein: Auch hier haben wir dieselbe Introjektion des verlorenen Objekts, in der Form des angreifenden, verfolgenden, inneren Objekts. Für Klein – am Beginn des psychischen Lebens zumindest – gibt es keine Symbolisierung der Abwesenheit. Die Abwesenheit des befriedigenden Objekts setzt im Menschen das abgespaltene, angreifende, böse Abbild dieses befriedigenden Objekts ab. Jedesmal, wenn sich das befriedigende und befriedende Objekt entfernt, verinnerlicht sich das erregende Objekt.

Sicher wird man mir Folgendes einwenden: Es wird eine gewisse Verwegenheit benötigt, um das Objekt des Sexualtriebes mit dem tödlichen Objekt einer Klein gleichzustellen. Es würde zu lange dauern, meine Begründungen darzulegen. Aber es ist sicher, dass der dämonische, angreifende, zerstörerische Charakter der Sexualität wohl von Anfang an im Denken

Freuds zugegen ist. Es ist dieser empörende Aspekt der Sexualität, welcher unablässig in der Entwicklung der Psychoanalyse dazu neigt, überdeckt zu werden. Deshalb jenes erneute Zutagetreten, das mit jedem Mal ausdrücklicher wird: der Todestrieb, der, meiner Meinung nach, »sexueller Todestrieb« genannt werden muss, und die inneren tödlichen Objekte von Klein.

Kommen wir nun zu dem, was man das Klein'sche *System* nennt. Denn, sicherlich, es gibt hier ein System, welches auf Gegensatzpaaren aufgebaut ist, die alle Arten von mechanistischen Konstruktionen und Stereotypien zulassen. Diese sind Dichotomien des Äußeren und des Inneren, der Introjektion und der Projektion, des Guten und des Bösen, des Totalen und des Partialen und schließlich der Liebe und des Hasses. Die Anhänger laufen Gefahr, sich dieser Gegensätze mechanistisch zu bedienen, so wie der Elemente jener Baukästen, mit denen mittels eines Minimums an zueinander passenden Bausteinen oder binären Gegensätzen die Welt rekonstruiert werden soll. Wir begegnen hier der konstruktivistischen Versuchung der Kleinianer, welche stets nur eine Erscheinungsform des psychoanalytischen Hegemonismus ist. Einmal mehr geht es darum, die Psychoanalyse in eine universelle Psychologie umzuwandeln. Jedoch, und um die Wahrheit zu sagen, sind diese Gegensatzpaare um vieles interessanter als der dogmatische Gebrauch, den man von ihnen machen kann. Man muss sie deuten, sie zur Arbeit bringen, zeigen, dass hinter ihrem mechanistischen Charakter eine Dialektik am Werke ist.

Nehmen wir das Paar *Verinnerlichung – Projektion,* das so oft gedankenlos verwendet wird. Unsere ersten Fragen wären: Wie kann man dieses Paar denken, ohne sich zuvor die Frage zu stellen: Inneres und Äußeres wovon? Vom Organismus? Vom Ich? Was also das ganze Problem der Bildung des Ich als Umzäunung, als Grenze aufwirft. Das bedeutet – wir werden später wieder darauf zurückkommen –, dass das *paranoide* Spiel der Introjektion und Projektion nur im Zusammenhang mit einer gewissen Bildung einer Totalität, das heißt mit einem wesentlichen Element der *depressiven* Einstellung, gedacht werden kann.

Aber vor allem sieht man sich dazu veranlasst, die scheinbar offensichtliche Symmetrie, das unausgesetzte Pingpong-Spiel, in dem bei Klein dieser

Gegensatz gefangen zu sein scheint – da der Projektion ohne Unterlass eine Introjektion folgt, und zwar endlos –, von Grund auf infrage zu stellen. Es war das Verdienst Lacans, folgenden Einwand zu erheben: Gibt es nicht einen absoluten Mangel an Symmetrie zwischen dem, was man »introjizieren« nennt – etwas hineinversetzen – und dem Projizieren? Die von Anfang an bei Freud gegenwärtige Idee des inneren Fremdkörpers veranlasst uns dazu, die Introjektion als fundamentalen Bildungs- und Gründungsprozess zu privilegieren. Die Introjektion muss im Lichte der Prozesse verstanden werden, die wir als Trauma in zwei Phasen oder als Urverführung verstanden haben. Die ursprüngliche Introjektion ist nicht die Verdrängung, sondern ihre erste Phase. Sie ist die Einführung von *rätselhaften Signifikanten,* welche die Verdrängung, in einer zweiten Phase, isolieren wird. Ich sage »rätselhafte Signifikanten«, um deutlich zu zeigen, dass die Welt der unbewussten Signifikanten absolut nicht »wie eine Sprache« übermittelt wird.

Wir haben von der Introjektion in Bezug auf die Analyse von Kindern gesprochen, um auf ihren begründenden Charakter in der Bildung sowohl der inneren Welt als auch des *Triebes* selbst hinzuweisen. Die Introjektion ist etwas ganz anderes als ein Abwehrmechanismus, selbst wenn sie sekundär als Abwehrmechanismus erscheinen und in eine gewisse Symmetrie mit der Projektion treten kann.

Prüfen wir nun den Gegensatz »gut – böse«, welcher vielleicht der Unbedachteste bei Klein ist. Zweifellos sind die beiden Worte in Anführungszeichen gesetzt; aber was nicht infrage gestellt ist, ist eine gewisse Normativität. Das Gute soll über das Böse triumphieren. Bevor man jedoch auf diese Weise das Ziel der Kur bestimmt, ist es nötig, sich die Frage zu stellen, ob »gut« und »böse« nicht einen einseitigen Gesichtspunkt voraussetzen. »Gut« ist, so sagt uns Klein, das, was zur Synthese führt, und »böse« ist das, was zerteilt, zerstreut. Ein solcher Gesichtspunkt kann aber nur jener eines Organs der Synthese oder sogar jener eines Organismus der Synthese sein, das heißt des »Ich« selbst. Umgekehrt, was für das Ich böse ist, kann letzten Endes nur der Trieb sein; der Trieb, der per definitionem das homöostatische Gleichgewicht des Ich gefährdet.

Vergleichen wir einen Augenblick lang diesen Gegensatz »gut – böse« mit dem Problem der »wohlwollenden Neutralität«. Was ist das Wohl, das wir mit dem analytischen Wohlwollen im Auge haben? Ist es das Wohl des Ich und einzig des Ich? Auch hier wäre ein Mindestmaß an dialektischem Denken unentbehrlich, um zu zeigen, inwieweit »gut« und »böse« nicht nur einfach die Produkte eines absoluten »Splitting« sind, sondern dass sie auch ineinander übergehen, und zwar je nach Stellung des Individuums und seinem mehr oder weniger ausgeprägtem Haften an den Zielen des Ich.

Aufgrund eines unüberlegten Verständnisses des Kleinismus kann auch das Paar *total – partial* seinerseits einer rein konstruktivistischen Perspektive dienen. Dies ist der Fall, wenn das Totale und das Partiale einzig und allein auf den Gegensatz zwischen dem Körper als Totalität einerseits und den Körperteilen andererseits bezogen werden. Davon ausgehend kommt einem ganz natürlich die Idee, dass sich das Totale vom Partialen ausgehend konstruieren muss; eine Idee, welche übrigens jede genetische, auf Beobachtung gegründete Psychologie zurückweisen würde. Aber die Frage muss vertieft werden: Besteht nicht auch hier ein tiefer Mangel an Symmetrie? Der Teil ist nicht der Teil des Ganzen: Er hat einen anderen Stellenwert. Er ist ein – meistens metonymisches – als Zeichen oder Anzeichen erfasstes Element. Aber nichts steht der Tatsache im Wege, dass ein Körper selbst, in seiner Totalität, als ein Anzeichen erfasst werden kann. Und umgekehrt, ein Teil kann als totales Objekt erfasst werden. Das hat Klein richtig gesehen, wenn sie behauptet: Die gute Brust, *als gute,* ist ein totales Objekt, dergestalt, dass das Gefühl ihr gegenüber ein Schuldgefühl sein kann, genauso wie gegenüber der Person der Mutter.

Es bleibt mir kaum Zeit, um vom letzten Gegensatzpaar: *paranoid – depressiv* zu sprechen, außer um zu betonen, dass dies sicher das fruchtbarste Paar bei Klein ist. Fruchtbar wegen der Idee der *Einstellung,* welche ausdrücklich jegliche Reduktion auf eine Chronologie überwindet. Fruchtbar wegen der Vielfalt und Vielseitigkeit der eingesetzten Elemente, da alle vorhergenannten Paare im letztgenannten enthalten sind. Fruchtbar, denn Klein hat nie aufgehört, den schematischen Gegensatz zwischen dem Paranoiden und dem Depressiven infrage zu stellen, um sie gegenseitig aneinander zum Arbeiten zu bringen. Mehr und mehr scheinen die beiden Einstellungen in einer engen Abhängigkeit voneinander zu stehen. Schließlich lässt sich die paranoide Phase, der Angriff durch das Partiale und das

Böse nur im Verhältnis zu einer mehr oder weniger vollendeten Totalität begreifen, welche den Angriff empfängt und in Grenzen hält. Umgekehrt lässt sich die rein depressive Angst, jene des Objektverlustes, niemals nur als reine Leere, als reiner Verlust definieren. Es gibt keine Symbolisierung des Abwesenden, welche nicht zuerst der Rückkehr des Objekts in der Form des bösen Objekts ausgesetzt wäre. Auf diese Weise wird, wie Melanie Klein es schließlich sagt, der Gegensatz zwischen der paranoiden und der depressiven Angst letzten Endes zu einem Grenzbegriff. Jede Angst, vom Standpunkt ihres Verlaufes aus betrachtet, ist zugleich paranoid und depressiv. Es wäre jedoch nötig, weiterzugehen, um zu zeigen, dass ihr Unterschied im Problem der konstituierenden Bildung oder, genauer gesagt, der *Verankerung des Individuums* liegt. Eine relative, die depressive Einstellung kennzeichnende Verankerung des Individuums, welche paradoxerweise allein dem Individuum ermöglicht, das Überleben des Objekts in Betracht zu ziehen, eine Verankerung, die sich nur in enger, wechselseitiger Beziehung zum Verdrängungsprozess und zur Begründung des Unbewussten begreifen lässt.

Muss man also Melanie Klein verbrennen? Ich komme damit zu meiner Ausgangsfrage zurück. Muss man sie etwa begraben, auf die Gefahr hin, dass man sie wieder zurückkommen sieht, und zwar in einer unkontrollierbaren Gestalt, als böses Objekt?

Ich möchte nur nebenbei in Erinnerung rufen, was Hegel als Kampf ums Leben zwischen dem einen und dem anderen Bewusstsein, als schlichten und einfachen Ausschluss einer Begierde durch eine andere beschreibt. Was Hegel nicht gesehen hat, ist die Tatsache, dass es keinen Kampf ums Leben gibt, der nicht die Rückkehr von Phantomen erzeugt. Was er allerdings gut beschrieben hat, ist die andere Lösung, die dialektische Lösung: Der Kampf der Bewusstseine geht in eine Dialektik des Herrn und des Knechts über, und man weiß, dass es schließlich der Knecht ist, der aufgrund seiner geduldigen Arbeit siegreich bleiben wird.

Dasselbe gilt für Melanie Klein; statt sie zu verbannen oder ihr den Teufel auszutreiben, fordern wir sie doch lieber zur Arbeit auf, zwingen wir ihr Denken und ihr Werk zur Arbeit! Man wird dann bemerken, dass die Arbeit eines jeden großen psychoanalytischen Werkes sich mit der Arbeit eines anderen Werkes überdeckt und überschneidet. Über jeglichen Eklektizismus hinaus sollte sich unsere Arbeit diesem geduldigen Vergleichen und Zur-Deckung-Bringen der Ansprüche widmen. Was auch immer der Ausgangspunkt ist, jede Arbeit eines psychoanalytischen Denkens trifft sich mit der Arbeit eines anderen Denkens, vorausgesetzt, dass es sich um ein echtes Denken und um eine echte Arbeit handelt.

Fragen

Frage: Ich möchte Herrn Doktor Laplanche die Frage stellen, welche Unterschiede er zwischen der Auffassung des Todestriebes bei Freud und jener bei Melanie Klein sieht.

J. L.: Ich denke, dass die Auffassung Freuds vom Gesichtspunkt der theoretischen Forderung aus gesehen tiefer geht, da er das, was ich die Zeit *auto*-(selbst) nenne, in den Vordergrund stellt; das heißt, die Tatsache, dass der Todestrieb zuerst vom Innern aus und gegen das Ich selbst arbeitet. Melanie Klein hingegen entwickelt klinisch die Freud'sche Entdeckung, ohne jedoch einzusehen, dass man von der Zeit *auto*-(selbst) auszugehen hat. Erst in ihren letzten Texten, besonders in jenem über die Angst, geht es darum, sich der Freud'schen Auffassung anzuschließen, aber ich glaube, dass sie es nur zu einem Teil macht. Von meinem Standpunkt aus kann man einen Zusammenhang zwischen dem Todestrieb Freuds und dem Denken Melanie Kleins finden, und zwar mithilfe eines Begriffs wie: die primäre Introjektion, das heißt, eines Prozesses, welcher die äußeren Objekte in total verschiedene innere Objekte verwandelt.

Frage: Was die innere Welt betrifft: Was bestimmt ihr Schicksal? Die Introjektion? Die Projektion?

J. L.: Die Idee Melanie Kleins ist sicher, dass die Projektion primär ist. Und zu der Zeit, in der diese Idee erscheint, ist die entsprechende Auffassung des Triebes derart, dass wir uns nicht damit zufrieden geben können; das heißt, für Melanie Klein ist der Trieb ein Trieb, der an kein einziges Objekt gebunden ist und der eine rein biologische Kraft ist. Der einzige Moment, in dem ich, meinerseits, den Trieb in Erscheinung treten sehe, ist jener, in dem sich das Objekt spaltet; nicht genau im Sinne der Spaltung in gut – böse, sondern weil sich, ausgehend vom Objekt der Selbsterhaltung, ein Signifikant absetzt, der in einem metaphorischen oder metonymischen Verhältnis zu diesem Objekt steht. Selbstverständlich spreche ich hier nicht vom sprachlichen Signifikant, und darin unterscheide ich mich völlig von Lacan. Schematisch ausgedrückt wäre ich geneigt, die Idee der Introjektion jener der Urverführung anzunähern. Man findet auch bei Freud jenen Begriff einer Art ursprünglichen Sediments, noch vor der Verdrängung; eine Art von Innen-Außen, welches für das Ich zugleich erregend und angreifend wird. Ich weiß nicht, ob ich Ihnen eine ausreichende Antwort gebe: Jedenfalls bedeutet offensichtlich, Melanie Klein »zur Arbeit zu bringen«, sie zum Leiden zu bringen, sie zu quälen, und natürlich wäre sie mit dem, was ich hier sage, nicht einverstanden.

Der Trieb und sein Quell-Objekt; sein Schicksal in der Übertragung

Der Trieb, um was damit zu machen? Meiner Meinung nach steckt in dieser Frage eine Falle. Wie in jeder Frage, auf die man mit ihren eigenen Worten antwortet. Es ist eine Frage, die man *befragen* muss. Ihre Formulierung ist – zum Glück – zweideutig: Handelt es sich um den »Trieb« selbst oder um den »Triebbegriff«, mit dem man etwas »machen« will? Ich bezweifle nicht, dass es für die Mehrheit unter uns der Begriff ist, um den es geht: ein, wie man sagt, wissenschaftlicher und theoretischer Begriff. Wie soll oder wie kann man ihn gebrauchen? Wozu dient er uns? Indem man die Frage mit diesen Worten stellt, schließt man sich der pragmatischen Auffassung an, die überall, auf dem Gebiete der Naturwissenschaften und vermutlich auch auf dem der Psychoanalyse, Geltung hat. Die moderne Wissenschaft (um diesen kleinen Umweg einzuschlagen) ist sicherlich nicht einem unmittelbar technizistischen »Machen« unterworfen. »Was damit machen?«, das kann im Extremfall bedeuten: Wozu dient es uns, etwas zu verstehen? Und nicht: Es dient uns, um direkt zu handeln (ich denke da an Begriffe wie zum Beispiel jene der Astrophysik). Aber, und ich möchte sagen, unglücklicherweise scheinen die Analytiker es gewissermaßen den Physikern in Sachen Pragmatismus zeigen zu wollen. Tagtäglich mit einer Praxis eng verbunden, verlangen sie, dass ihnen jeder einzelne Begriff wenigstens eine Hilfe sei, sich zu orientieren, wenn nicht sogar, um zu konstruieren und zu deuten. Von der Frage »Was damit machen?«, die an den Triebbegriff gestellt wird, geht man bei uns also nicht selten unverblümt zu einem allgemeineren »Was damit machen?« über, einer Frage, die an die Theorie selbst gestellt wird. Wozu dient die Theorie? Die Theorie ist im Begriff, zu einem der beiden Sündenböcke der Psychoanalyse zu werden. Der andere Sündenbock ist die sogenannte angewandte Psychoanalyse, die ich die Psychoanalyse extra muros nenne. Wir haben hier, sowohl gegenüber der Theorie als auch gegenüber der Psychoanalyse extra muros, ein zweifaches Phänomen von Abneigung, das im Wesentlichen ein einziges ist. Denn der

Grund für diese doppelte Verbannung liegt in einer gewissen Auffassung der Theorie als einer, die *angewendet* (oder sogar technizistisch nutzbar gemacht) werden soll.

Auf unsere Ausgangsfrage »Was damit machen?« beabsichtige ich nun als Antwort, eine doppelte Frage zu stellen: Muss man mit dem Trieb etwas machen? Und zweitens: Welchen Status hat die Theorie, welche Funktion und welche Distanz zur Erfahrung (zu unserer Erfahrung, zu jener der analytischen Praxis)? Und wenn ich eingangs diese beiden Fragen gestellt habe, die schließlich nur eine einzige bilden, so deshalb, weil der Inhalt dessen, was ich Ihnen zu unterbreiten beabsichtige, helfen soll, sie zu beantworten. Die analytische Theorie soll uns helfen, den Platz der Theorie zu bestimmen. Ich werde also am Ende auf diese Fragestellung zurückkommen.

Meine zweite Eingangsbemerkung ist folgende; sie bezieht sich auf die Geschichte. Das von uns gestellte Problem ist natürlich für uns Analytiker der Trieb im Jahre 1984. Aber können wir uns jeglichen geschichtlichen Gesichtspunktes, jeglicher Problematik und jeglichen Bezuges auf das uns vorangehende Werk und besonders auf das Freud'sche entledigen – wie Roger Dorey es eben selbst gesagt hat? Ich habe mich zu diesem Punkt zu oft geäußert, um mehr als eine kurze Andeutung zu machen. Ich meine, dass es hier, unter uns, nicht um Freudologie gehen kann. Aber der Freudismus, sowohl der von Freud selbst als auch jener nach Freud, ist eine Erfahrung, und ich meine, dass wir im Französischen unglücklicherweise nur ein Wort besitzen, um zugleich das zu bezeichnen, was erworbene Erfahrung ist (*experience* auf Englisch), und das, was kodifizierte wissenschaftliche Erfahrung, was *experiment* (auf Englisch) ist. In der deutschen Sprache gibt es ebenfalls zwei (und sogar mehr) Wörter: Erfahrung und Experiment oder Versuch. Die Erfahrung, von der ich hier sprechen will, ist die Erfahrung im Sinne des englischen *experience,* sei sie nun praktisch oder theoretisch. Denn die Theorie ist auch eine Erfahrung, und dies gerade nicht im Sinne des Experimentalismus. Es gibt eine lebendige Erfahrung der Begriffe, ihrer Anleihen, ihrer Ableitungen, ihrer Irr- und Abwege. Es gibt eine Art und Weise, wonach die Entwicklung der theoretischen Erfahrung sich eng den Wandlungen der »Sache selbst«, d.h. jenen des Menschen, anpasst. Und dies bis zu den Irrtümern des Menschen über sich selbst, so als ob sich die Irrtümer des Menschen über sich selbst in den Irrtümern der Theorie, die es natürlich zu bestimmen und zu überwinden gilt, wiederfanden.

Ich möchte nun von der Erfahrung unter ihrem zweiten Aspekt ausgehen, von diesem gemeinsamen Humus, den die praktische Erfahrung darstellt, von der sogenannten »klinischen« Erfahrung, der meines Erachtens unser Denken über den Trieb entsprechen muss. Ich werde nun versuchen, die Erfordernisse der praktischen Erfahrung in vier Punkten darzustellen:

1. Das erste Erfordernis ist der psychische Determinismus. Es gibt ein allgemeingültiges Bekenntnis zum psychischen Determinismus, welches kein Analytiker verleugnet. Das Gebiet des Psychischen muss, wie jedes andere auch, den Regeln der Vernunft entsprechend erfasst werden können. Der Zufall muss daraus verbannt werden etc. Das ist ein ziemlich allgemeingültiges Freud'sches Postulat. Ein Postulat für die Psychologen, nicht nur für die Analytiker. Freud reiht sich hier offen in die Wissenschaft ein, und zwar in dem Sinne, in dem der Mensch zur Natur gehört. Aber (denn hier gibt es ein »aber«) wenn es nur das wäre, dann wäre die Psychoanalyse nur eine Psychologie, sie wäre eine Wissenschaft wie die anderen auch, und sie müsste der Bewegung aller Wissenschaften folgen, das heißt, sie müsste (in einem Übergang von unklaren, subjektiven Begriffen, Begriffe wie z. B. Wille, Motivation, ja sogar Ursache, und die ist hier sicher der springende Punkt) in der Art, in der man schon seit langem von den Naturwissenschaften zu sprechen pflegt, vom Begriff der Ursache zur Errichtung von *Gesetzen,* d. h. konstanten, ja sogar quantifizierbaren Beziehungen zwischen den Phänomenen übergehen. Man kann von dem Begriff der Ursache mit vollem Recht vermuten, dass er seinen Ursprung in einer gewissen subjektiven Erfahrung des psychischen Aktes hat und dass er zuerst in die Außenwelt projiziert wird, von der wir annehmen, dass sie selbst in genau dieser Weise von etwas bewegt wird, in der wir selbst den Eindruck haben, etwas in Bewegung zu setzen oder bewegt zu werden. Nach und nach weicht in den der Außenwelt gewidmeten Wissenschaften diese Ursache der Feststellung regelmäßiger Folgen, deren Ideal die mathematische Funktion ist. Folgt man nun dieser Bewegung der Wissenschaft, so müsste auch der Rückstrom ein-

treten: Es müsste ein Wiederverinnerlichen des auf Gesetze gegründeten, ja mathematischen Determinismus stattfinden; es müsste eine Rückeroberung des Psychischen durch die Wissenschaften der Natur stattfinden.

Nun gibt es hier aber einen »Haken«, der sich diesem Rückstrom widersetzt (verzeihen Sie mir diese ein wenig gezwungene Metapher). Dieser »Haken« ist nicht die Berufung auf den Sinn, er besteht in der Vertiefung des Begriffs der Ursache, wie wir sie der Psychoanalyse verdanken. Die Untersuchung, die Analyse, die Deutung des Symptoms, des Traumes, des Versprechens, der Fehlleistung etc. können wohl Suche nach dem Sinn genannt werden. Aber Freud lehrt uns, dass es jenseits des Sinnes einen anderen *Inhalt* und daher eine reale Ursache gibt, der wir nachforschen. Und in der beständigen Entwicklung des Freud'schen Denkens prägt die Idee des *Es,* die Idee, dass wir von jenem Ensemble dunkler Ursachen »gewirkt« werden, der Anerkennung unserer grundlegenden Dezentrierung ein gleichsam endgültiges Siegel auf.

2. Mein zweites Erfordernis, dem jeder Begriff des Triebes sich fügen muss, wäre Folgendes: Die Ursache, die Ursachen, denen die Psychoanalyse nachforscht und die sie aufdeckt, gehören zur Gattung der Vorstellungen: Erinnerungen, Phantasien oder Einbildungen, Imagines, mit einer zweifachen Eigentümlichkeit. Es handelt sich um erstarrte, fixierte Vorstellungen jenseits des Sinns, der sie bewohnen könnte, jenseits der vielfältigen Bedeutungen, die wir ihnen geben können. Diese erstarrten und fixierten Vorstellungen haben die Prägnanz von Schemata, wobei sie zugleich die Materialität von Quasi-Dingen besitzen. So kommentiere ich das Problem der Deutung und der Übersetzung, das uns die Freud'sche *Sachvorstellung** stellt, die eine Vorstellung der Sache (représentation de chose)[1] im intentionalen Sinne ist, im Unbewussten aber zu einer wahrhaften Sach-Vorstellung (représentation chose)[2] wird. Diese Bewegung von der Vorstellung der Sache zur Sach-Vorstellung bedeutet genau diese Fixierung jenseits

1 Vgl. J. Laplanche, J.-B. Pontalis: *Das Wörterbuch der Psychoanalyse*, Begriff: Sachvorstellung (A. d. Ü.).

2 ebd.

jeglichen Sinns, ja sogar jenseits jeglicher Referenz, wie die Linguisten sagen. Die zweite Eigentümlichkeit dieser Vorstellungen liegt darin, dass sie unbewusst sind oder dass sie ins Unbewusste tauchen und dass zumindest ein Teil von ihnen unfähig ist, wieder bewusst zu werden, selbst, wie wir wissen, durch die Analyse nicht. Die Analyse kann nur feststellen, dass ein Teil des Unbewussten niemals wiedererinnert und ins Bewusste zurückgeführt, sondern nur von einem Netz von Konstruktionen umschlossen werden kann, das versucht, sich ihm zu nähern, das aber nicht die Sache selbst – die Sach-Vorstellung – erreicht.

3. Mein drittes Erfordernis ist, dass diese Vorstellungen zum Großteil mit körperlichen Prozessen zu tun haben, dass sie sich um den Körper, um diese oder jene seiner Zonen oder Funktionen herum organisieren. Das ist die wesentliche Erkenntnis der libidinösen »Organisationen«, die von Freud als phantastische Organisationen gut beschrieben sind. Von hier, von der Zentrierung auf diese Organisationen bis zur Einsicht, dass die erogene Zone (orale, anale etc.) als Quelle des Triebes zu betrachten ist, ist es nur ein Schritt. Ein Schritt, der leicht zu tun ist und den Freud in den *Drei Abhandlungen* auch unbeschwert zu tun scheint; aber diese Unbeschwertheit ist vielleicht relativ leicht, wenn es um die genitale Zone geht (wenn gesagt wird, dass der Penis oder die weiblichen Geschlechtsorgane die Quelle des Triebes sind, scheint dies sinnvoll zu sein), oder auch noch, wenn es um die anale oder sogar orale Zone geht. (Aber wo ist eigentlich die somatische Quelle der oralen Erregung? Man hat es schließlich nie klar gesagt.) Jedenfalls ist es viel schwieriger, die Metamorphose der Quelle zu behaupten, wenn es um so etwas wie den Schautrieb geht (ist der Schautrieb eine Erregung des Auges, gibt es einen okularen Orgasmus? Ich glaube, nicht viele unter uns wären damit einverstanden), oder wenn es um den sadistischen Trieb geht, der von einer Erregung der Muskeln herrührt.

4. Mein viertes Erfordernis ist schließlich, den Phänomenen der Verschiebung Rechnung zu tragen. Die Tatsache, dass ein und dieselbe affektive Reaktion sich mit einer ganz anderen Vorstellung verbunden findet als jener, die den wirklichen Umständen ihrer Entstehung entspricht, ist eine

Erfahrung, die Freud vom Anfang seiner Schriften an, besonders in den *Studien über die Hysterie,* hervorhebt. Dieser Tatsache können wir weder in unserer (praktischen) Erfahrung noch in unserem Denken ausweichen. Oder ebenso das Abwürgen des Affekts, die »schöne Gleichgültigkeit« der Hysterischen, wie man sagt, und sein Wiedererscheinen (oder das, was man dafür hält?) und andererseits der Schein seines Wiedererscheinens in der Somatisierung oder in der Attacke. Oder auch die Loslösung des Affekts von jeglicher Vorstellung, seine Entqualifizierung und, anstelle eines qualifizierten, spezifizierten Affekts, die Entstehung von Angst. Oder auch Phänomene wie die Übertragung, und zwar in sämtlichen Bedeutungen des Wortes, sei es die Übertragung des Traumes, das heißt die Übertragung von gewissen Wunschregungen auf Tagesreste, oder sei es die Übertragung in dem Sinne, wie wir sie täglich gebrauchen, die Übertragung in der Kur. Dies sind also die vielfältigen Erfahrungen der Analyse, die vielleicht nur das, was spontan wahrgenommen wird, auf die Spitze treiben; was ich damit sagen will, ist Folgendes: Die Übertragung ist eine Erfahrung der Analyse, aber sie ist ebenso bereits eine alltägliche Erfahrung, eine Erfahrung der Alltagssprache. Was sonst tun wir, wenn wir z. B. sagen (und wir sagen es ohne Freud): »Wir geben unsere Liebe für diese oder jene Person nun einer anderen«, oder: »Wir haben in uns eine Aggressivität, die nur danach strebt, ein Objekt zu finden, egal welches, das erste, das uns unter die Finger kommt, die erstbeste Gelegenheit etc.«? Kurz gesagt, die Phänomene der Übertragung, ja sogar der *Verdichtung,* drängen auf ganz natürliche Weise zu einer Theorie der radikalen Trennung des Affekts von der Vorstellung zu einer Schematisierung, die sie voneinander unabhängig macht; wobei der eine, gemäß dem physikalischen Modell, der Beweggrund (der Affekt) ist und die andere, die assoziative Bahn, die »Eisenbahnlinie«, die von einer Vorstellung zur anderen führt, mit all jenen Freud'schen Metaphern bezüglich der Bahnen (sowohl im Sinne der Verkettungen als auch in dem der Geleise), die von einer Vorstellung zur anderen führen. Dies ist sicher eine sehr starke und eindrucksvolle, wenn auch nicht unbedingt überzeugende Erfahrung, die unverzüglich zu physikalischen Modellen führt, und zwar in der Form von Ausdrücken wie Quantität und Neuron, Energie und Struktur oder auch, wie man im 17. Jahrhundert sagte, Figur und Bewegung. Ein

Modell, welches das Freud'sche Denken während seiner ganzen Entwicklung beherrscht.

Ich werde meine Stellung in Bezug auf die ökonomische Hypothese gleich etwas genauer darlegen. Ich möchte nur eingangs hervorheben, dass kein metapsychologisches Denken es vernachlässigen kann, über die Verschiebung, die unsere tägliche Erfahrung ist, Rechenschaft abzulegen. Aber man muss umgekehrt auch anerkennen, dass die absolute Verschiebung, bei der der Affekt nichts von seiner ursprünglichen Vorstellung zurückbehält, nur ein niemals erreichter, asymptotischer Musterfall ist, in derselben Weise wie es z. B. ein absoluter Primärvorgang wäre. Offensichtlich ist es die Psychopathologie (im weitesten Sinne, die *Psychopathologie des Alltagslebens* mit inbegriffen), die das Modell der radikalsten Verschiebungen bietet (oder, wie ich geneigt bin es auszudrücken, die das Modell der »vergesslichsten« Verschiebungen bietet, vergesslich, d. h. vergessend, woher sie kommen). Aber eine radikale Verschiebung, ein absoluter Primärvorgang müsste in die folgende Serie übersetzt werden können: »Ich habe vergessen – was? – ich habe vergessen«; das genau ist die absolute Grenze, die dem analytischen Nachforschen gesetzt ist, wenn sie tatsächlich dem nachforschen will, was vergessen worden ist; das setzt voraus, dass der Primärvorgang nicht absolut ist.

Ein kausalistischer Determinismus, der uns uns selbst fremd werden lässt und der uns in ein Es entfremdet. Eine Determinierung durch unbewusste Vorstellungen. Vorstellungen, die sich in und an den Körper, einen seiner Teile oder an eine mit seinen Funktionen verbundenen Komplexe ballen. Das Phänomen der Verschiebung, das weder vernachlässigt noch ins Absolute getrieben werden kann: Das sind vier Resultate der analytischen Erfahrung. Ich verstehe darunter nicht eine rohe, unbearbeitete Erfahrung (eine solche, wie es der Empirismus will, gibt es nicht), sondern eine – von jeglichem theoretischen System relativ unabhängige – Erfahrung. An dieser Stelle setzt die Theorie des Triebes an, falls der Trieb überhaupt existiert. Und genau an dieser Stelle führt Freud mit bemerkenswertem Erfolg zwei allerdings sehr unterschiedliche Modelltypen ein; ein sogenanntes physikalisches Modell, welches, wie ich soeben gesagt habe, jegliches Phänomen auf Energie + Figur oder Energie + Vorstellung zurückführt; und ein biologisierendes Modell, welches auf dem Konstanzprinzip gründet, das heißt auf der unleugbaren Tendenz jedes Organismus, seine Struktur- und Energiedifferenz der Umwelt gegenüber aufrechtzuerhalten. Zwei Freud'sche Modelle, die manchmal im Wettstreit miteinander liegen, meistens jedoch einander ergänzen, deren Stellenwert aber unablässig neu eingeschätzt werden muss. Um meine persönliche Neueinschätzung dieser beiden Modelle mit einem Wort auszudrücken, würde ich sagen, dass das hauptsächliche Verdienst des physikalistischen Modells auf seiner physikalischen Unrichtigkeit beruht, die das Modell bestens dazu befähigt, der fremdartigen, eisenharten oder sogar noch härteren Materialität, die wir als »unbewusste psychische Realität« oder als »inneren Fremdkörper« bezeichnen, Rechnung zu tragen. Dies ist wohl die Rückkehr, die Reintrojektion könnte man auch sagen, des falschen physikalischen Kausalismus an seinen Ursprungsort, in das unbewusste Seelenleben. Am besten bewährt sich das homöostatische, biologisierende Modell am Ich, und zwar die ganze Freud'sche Ausarbeitung hindurch.

Es ist keineswegs mein Ziel, die Freud'sche Triebtheorie, die eine Art von Synthese oder Kompromiss zwischen dem Physikalismus und dem Biologismus bildet, darzulegen. Ich möchte nur aufzählen: Quelle, Drang, Ziel und Objekt, mit jener berühmten Kontingenz des Objekts, der wir so viele Probleme verdanken. Ich möchte mich darauf beschränken, den, nach Freud, biologischen Ursprung des Sexualtriebes, wie übrigens gleichrangig, den biologischen Ursprung der Selbsterhaltungsfunktionen, in Erinnerung zu rufen. Sie kennen wohl die kürzeste und abstrakteste aller Formulierungen: Der Trieb ist »ein Grenzbegriff zwischen dem Seelischen und dem Somatischen«; er ist »psychischer Repräsentant der aus dem Körperinnern stammenden, in die Seele gelangenden Reize, als ein Maß der Arbeitsanforderung, die dem Seelischen infolge seines Zusammenhanges mit dem Körperlichen auferlegt ist«.[3]

Stellen wir nun dieses massive Zurückgreifen auf das Biologische unseren vier Anforderungen von vorhin gegenüber. Die Anforderung einer Ur-

3 S. Freud: Triebe und Triebschicksale. *GW X*, S. 214.

sache, die uns entfremdet und uns unseren eigenen Handlungen gegenüber fremd macht: Die Antwort lautet sicher »Ja«, der Verweis auf das Biologische macht uns sehr wohl unseren eigenen Handlungen gegenüber fremd. Die Verbindung mit den Zonen des Körpers (mein dritter, vorhin genannter Punkt): Dies scheint ebenfalls zu passen, wenn auch der Spannungszustand, das An- und Abschwellen, nur ein recht armseliges Modell ist, um dem Begriff der Triebquelle Rechnung zu tragen (ich habe vorhin die Schaulust erwähnt). Wie steht es nun mit unserem vierten Punkt, der Verschiebung? Die Freud'sche Theorie, die biologische Theorie des Triebes trägt wohl der Verschiebung Rechnung, jedoch um den Preis, dass die Verschiebung ins Absolute getrieben wird. Die Kontingenz des Objektes ist total. Der Trieb ist auf den Drang reduziert (das Einzige, das letztlich vom Trieb – in der Art von Hänschens Messer[4] – übrig bleibt, ist der Drang*), auf ein Drängen von Energie, das sich an ein beliebiges Objekt wie an ein verlockendes Trugbild anhängt (oder sich von ihm abhängt). Am schwächsten und am willkürlichsten ist jedoch die biologische Theorie, wenn wir unseren zweiten Punkt betrachten, d. h. die Beziehung zwischen dem Trieb und den Vorstellungen (Erinnerungen und Phantasien), insofern als sie diesen Vorstellungen jegliche eigene Wirksamkeit abspricht und in ihnen nur einen Ort des Einhakens, der Besetzung einer undifferenzierten, freischwebenden Energie sieht. Meines Erachtens ist das Zurückgreifen auf einen biologischen Trieb, um der Kraft des unbewussten Determinismus Rechnung zu tragen, eine unverifizierbare, anfechtbare und jedenfalls außeranalytische Hypothese.

Gehen wir einen Schritt weiter. Die Hypothese einer angeborenen Triebausstattung führt notwendigerweise zu der Idee, dass die Phantasie nur eine Art Ableger oder Übersetzungen einer endogenen Entwicklung (letzten Endes eines Reifungsprozesses) ins Psychische ist. Dies zeigt sich bei Freud, und zwar zu der Zeit, als sein Denken am stärksten von der Biologie beeinflusst ist, zwischen 1897 und 1905, kurz nach jenem berühmten Brief

4 Das etwas einfältige Hänschen besaß ein Messer. Er ersetzte zuerst die Klinge und dann, nach einiger Zeit, den Schaft; er war dennoch überzeugt, dass es noch immer dasselbe Messer war.

vom 21. September 1897. Dasselbe trifft auch auf eine Melanie Klein zu, bei der Phantasie und Trieb eng miteinander verbunden und letzten Endes endogener Natur sind (was man ihr öfter zum Vorwurf gemacht hat); und nicht nur deren Kraft, sondern auch deren Ausdrucksformen sind endogener Natur. Wir sind hier auf dem Weg zu einem, wie ich ihn nennen würde, biologischen Idealismus, für den das subjektiv Erlebte nie mehr bedeutet als ein Punkt, an dem das Biologische einhakt oder in dem es verankert ist. Das ist ein entscheidender Einwand gegen jede psychoanalytische Theorie, die einen biologischen oder somatopsychischen Organismus einer Umwelt, die sie im Wesentlichen als nicht-psychisch betrachtet, gegenüberstellen möchte.

Ist eine andere Triebtheorie möglich, oder muss man auf jeglichen Triebbegriff überhaupt verzichten? Kann man eine andere Wiederaufnahme der Freud'schen Denkweise, die Rückkehr zu einem anderen Freud, zu einem dritten, nur angedeuteten Modell, das schließlich von Freud in der Schublade gelassen worden ist, vorschlagen? Unter tausend anderen könnte hierfür ein Anzeichen in der Tatsache hegen, dass der *Trieb* erst im Jahre 1905 wirklich in den Vordergrund gestellt wird (selbst wenn der Ausdruck einmal im *Entwurf* verwendet wird).

Aber der Begriff der Reizung inneren Ursprungs ist natürlich schon früher anzutreffen. Die innere Reizung besteht, so lehrt uns Freud, darin, dass man sich ihr nicht durch Motilität entziehen kann. Eine unleugbare Definition, aber die Frage bleibt zunächst *offen*: Ist das, dem man sich durch Motilität nicht entziehen kann, der Körper? Ist es die Besetzung der Erinnerung durch den Körper? Oder ist es der innere Fremdkörper, das heißt die Erinnerung selbst? Es gibt noch ein anderes Wort in den Briefen an Fließ, das Wort *Impulse**, welches auch in zeitlich gut lokalisierten Texten zu finden ist und das in der gegenwärtigen Ausgabe der *Naissance de la psychanalyse*[5] mit »pulsions« übersetzt wird. Es gibt da keinen Zweifel: Dies sind keine körperlichen Kräfte und nicht einmal Besetzungen der Phantasien. Diese *Impulse**, in dem Sinne, in dem man sie in der Physik oder der Elektronik verwenden könnte, sind die Wirkung selbst der verdrängten Erinne-

5 Paris: PUF 1969.

rungen und der Phantasien, das was aus ihnen entsteht oder aus ihnen, wie aus ihrer Quelle, entspringt. Sie werden dies insbesondere im Manuskript N finden. Diese Texte mit dem dem Trieb* vorhergehenden Wortgebrauch befinden sich im Zentrum dessen, was man die Verführungstheorie nennt, und das bedeutet, dass das Freud'sche Modell, welches ich am Ursprung des Triebes versuche, in Gang zu setzen, dasjenige der *Urverführung* und der *Urverdrängung* ist.

Fassen Sie bitte das Folgende nur als ein ganz allgemeines Schema auf. Es darf nicht streng chronologisch verstanden werden, obwohl es ein Schema des Entstehens und Erzeugens ist, also trotz allem im weitesten Sinne ein genetisches Schema (falls Sie damit einverstanden sind, »genetisch« im sehr weiten Sinne von Erzeugung zu verstehen). Während nun die klassische Triebtheorie nur ein Antezedens, nur eine einzige Prämisse, und zwar jene der endogenen, körperlichen Reize vorschlägt, meinen wir, dass es unerlässlich ist, eine *doppelte* Prämisse ins Auge zu fassen: einerseits die Vorbedingung eines der Homöostase und Selbsterhaltung verschriebenen Organismus; andererseits jene einer kulturellen Welt der Erwachsenen, in welche das Kind von Anfang an völlig eingetaucht ist.

Gehen wir ein wenig ins Detail. Wir setzen die Selbsterhaltungsfunktionen, verstanden als biologische und biopsychologische Funktionen, die auf die Aufrechterhaltung des Organismus, seiner Struktur und seiner einem energetisch homöostatischen Niveau gleichzusetzenden Konstanten abzielen, der Sexualität entgegen; das ist, letzten Endes, ein Modell, welches die Physiker in allen ihren Regulations- und Feedback-Systemen verwendet haben. Die Selbsterhaltung ist beim Menschen, so wie bei jedem anderen Lebewesen, vorrangig. Ich betone, dass sie von Anfang an eine Öffnung auf die Welt, eine sinnliche und motorische Öffnung auf die Umwelt in sich schließt. Die Idee eines anfangs in sich selbst geschlossenen Organismus, der sich dann, im Verlaufe einer zweiten Etappe, dem Objekt gegenüber öffnet (oder es konstruiert, was weiß ich denn?), ist eine der verschiedenen Arten des Idealismus oder des biologischen Solipsismus, die von so vielen Theoretikern der Psychoanalyse unvorsichtigerweise aufgegriffen worden ist.

Angesichts dieser Prägnanz der Selbsterhaltung hat man dagegen mit Freud, und auch parallel zu ihm, in der Folge von Bolk, zu Recht das teilweise Versagen oder die Spätentwicklung der Anpassungsmechanismen beim Menschen betont. Diese Abhängigkeit des kleinen Menschenwesens vom Erwachsenen, die hier viel ausgeprägter als bei anderen Arten ist, fördert das zeitliche Gefälle, das der Humanisierung zugrunde liegt, das heißt, es begünstigt die frühzeitige Sexualisierung des Menschen. Moderne Forschungen (wie z. B. jene eines Brazelton) zeigen indessen, wie wenig das sinnliche und anpassungsorientierte Sichöffnen des Säuglings dem Objekt gegenüber unterschätzt werden darf. Dies nur zur ersten Prämisse, mit allen jenen Nuancen, die man dem Begriff der Selbsterhaltung hinzufügen muss.

Die zweite Prämisse betrifft jene Welt der Erwachsenen, mit der sich der im Entstehen begriffene Organismus auseinandersetzt. Merken wir uns nur das Wesentlichste: Es ist eine Welt der Kommunikation und Bedeutungsabsicht, die allseitig die Auffassungs- und Beherrschungsfähigkeiten des Kindes übersteigt. Von allen Seiten bieten sich ihm Botschaften an. Unter »Botschaften« verstehe ich weder notwendigerweise noch hauptsächlich verbale Botschaften. Jede Geste, jede Mimik übernimmt die Funktion eines Signifikanten. Diese traumatischen Ursignifikanten, nennen wir sie die »rätselhaften Signifikanten« und erklären wir etwas näher, was wir darunter verstehen. Diese Signifikanten sind nicht deshalb rätselhaft, weil das Kind den Code für sie nicht besitzt und es ihn erst zu erwerben hätte. Wir wissen, dass das Kind beginnt, sich in der verbalen Sprache zu Hause zu fühlen und sie zu beherrschen, ohne dass man ihm im Voraus einen Code dafür geliefert hätte, genauso wie man sich auch eine Fremdsprache durch die einfache tägliche Praxis aneignen kann. Darum geht es hier nicht. Es geht einerseits darum, dass überall in die Welt der Erwachsenen unbewusste und sexuelle Sinngehalte einsickern, deren Code *der Erwachsene selbst* nicht besitzt. Es geht andererseits darum, dass das Kind nicht die physiologische oder emotionale Reaktionsfähigkeit besitzt, die den an es gerichteten Botschaften entspricht; es geht also kurz darum, dass seine Mittel, einen Ersatzcode oder vorläufigen Code zu bilden, grundlegend unangemessen sind.

Was also ist die Verführung, was ist sie als gegebene Tatsache und was als Theorie? Es wird zur Zeit viel Lärm geschlagen, um den Briefwechsel mit Fließ und um das, was Freud an historischen Verführungstatsachen, mit denen er konfrontiert wurde, verschwiegen oder verdrängt haben soll (sowohl in seiner Selbstanalyse als auch in seinen ersten Analysen). Die Anekdote ist eines, die Verführung als strukturelle Erscheinung etwas anderes. Und vielleicht hat sogar das eine dem anderen geschadet? Ich meine damit Folgendes: Der Grund für das teilweise Aufgeben der Verführungstheorie im Jahre 1897 liegt vielleicht darin, dass Freud selbst die Kontingenz der sogenannten perversen sexuellen Handlungen vonseiten des Erwachsenen mit der Allgemeinheit der Verführungssituation verwechselt hat. Freud wirft seine »Neurotica« über Bord, während er sie vielleicht hätte vertiefen sollen, und zwar im Sinne der grundlegenden Urverführung. Später korrigiert er dann teilweise seine Zielrichtung, indem er die Allgemeinheit der mit der mütterlichen Pflege verbundenen Verführung hervorhebt. Aber man muss noch einen Schritt weitergehen; über die erregenden, perversen oder einfach nur naiven Handlungen hinaus muss man die alltägliche Praxis ins Auge fassen.

Ich möchte nur kurz das Beispiel der mütterlichen Brust aufgreifen, mit all der extremen, vielleicht sogar übermäßigen Wichtigkeit, die ihr von der Psychoanalyse zugeschrieben wird. Angesichts dieser blühenden Entfaltung der Brust, der guten oder der bösen, der sich hingebenden oder sich verweigernden, angesichts dieser Allgegenwärtigkeit unter den Psychoanalytikern möchte ich die Abwesenheit der erogenen, der erotischen Brust innerhalb des analytischen Denkens hervorheben. Die Brust ist eine der wichtigsten erogenen Zonen der Frau, und als solche spielt sie unausweichlich eine Rolle in der Beziehung zum Kind. Was will denn diese Brust von mir, diese Brust, die mich nährt, aber auch erregt; die mich erregt, indem sie sich selbst erregt? Was möchte sie mir sagen, von dem sie selbst nichts weiß? Das Beispiel der Brust ist vielleicht nur eine bequeme Lehrfabel, vor allem für das moderne Kind, das immer seltener mit ihr in Berührung kommt. Das Beispiel hat jedoch das Verdienst, fassbar zu machen, auf welchen Grundlagen sich die ersten Quell-Objekte, verinnerlichte oder vielmehr introjizierte Objekte, bilden. Am Anfang gibt es eine Beziehung, die zentral auf die Selbsterhaltung ausgerichtet ist, auf die Befriedigung eines überaus wichtigen, der Anpassung dienenden Bedürfnisses. Am Anfang gibt es aber sicher auch eine zentrale Ausrichtung auf eine Zone des Austauschs zwischen dem Äußeren und dem Inneren des Körpers, auf die orale Zone, von der man leicht verstehen kann, dass sie zu einem Angel- und Fixierpunkt einer Erogenität wird, ohne dass es notwendig wäre, ihr eine, weiß Gott welche, besondere physiologische Erektionsfähigkeit zuzuschreiben. Am Anfang haben wir ebenfalls, gleichzeitig mit der Nahrungszufuhr (Milch), die Instrumentalität der Brust, die sich als rätselhafte Botschaft aufzwingt und die mit einer ihr selbst unbekannten Lust beladen ist, die sie unmöglich identifizieren kann.

Nur nebenbei, und ohne mich länger damit aufzuhalten, möchte ich die Gelegenheit ergreifen, ein Wort zur Theorie der Anlehnung zu sagen. Eine von Freud in den Vordergrund gerückte, zur Seite geschobene, von ihm und dann auch von uns anderen wiederaufgegriffene Theorie. Diese Theorie der Anlehnung behauptet, dass der Sexualtrieb in Anlehnung an die Selbsterhaltungsfunktion entsteht. Diese Anlehnung äußert sich in der Tatsache, dass sie am selben Ort entstehen, an derselben Quelle, inmitten einer selben Tätigkeit und dass dann Objekt und Ziel beginnen, im Gang der fortschreitenden Spaltung zu divergieren; das Objekt, wie Sie wissen, indem es aufgrund der Kontiguität eine metonymische Ableitung erfährt: Die Brust tritt an die Stelle der Milch; und das Ziel, indem es sich auf metaphorische Weise von jenem der Ernährung entfernt, beziehungsweise indem es sich nach dem Modell der Einverleibung und analog zu dieser gestaltet. Mit dem Begriff der »Anlehnung« wird zurzeit sehr viel Missbrauch getrieben. Man hat daraus die Stütze des Geistes auf den Körper gemacht, man hat von Gegen-Anlehnung gesprochen etc. Aber selbst wenn man ihn im besten (im Freud'schen) Sinne versteht, so ist dies nur die äußerste Spitze einer physiologischen Auffassung des Sexualtriebes, die umgedreht und umgestülpt werden muss. Es ist in der Tat undenkbar, dass die Sexualität biologisch aus der Selbsterhaltung hervorgeht, und sei es aufgrund einer Verschiebung von Ziel und Objekt. Das ist der höchste Grad, das *nec plus ultra,* der Robinsonade; verstehen Sie bitte darunter den Versuch, die Welt der Kultur allein ausgehend von den endogenen Ressourcen eines isolierten Robinson-Babys zu rekonstruieren. Meine Formulierung ist also folgende: Die einzige Wahrheit der Anlehnung ist die Urverführung. Weil die der

Selbsterhaltung dienenden Gesten des Erwachsenen ihm selbst unbewusste, sexuelle, vom Kind nicht beherrschbare Botschaften enthalten, deshalb erzeugen sie, an den sogenannten erogenen Stellen, einen Prozess der Spaltung und der Ablenkung. Dieser Prozess kann dann auch zu autoerotischen Aktivitäten führen. Aber das unerlässliche Vehikel des Autoerotismus, das, was ihn stimuliert und überhaupt erst zum Entstehen bringt, ist das Eindringen und anschließend das Verdrängen der vom Erwachsenen herangetragenen rätselhaften Signifikanten.

Wir müssen also hier von der Urverdrängung sprechen. Denn in ein und derselben Bewegung spaltet diese Urverdrängung vom Psychischen ein ursprünglich Unbewusstes ab, welches dadurch selbst zu einem Es wird, und begründet zugleich die ersten Quell-Objekte, die Quellen des Triebes. In Übereinstimmung mit der Freud'schen Theorie der Nachträglichkeit spielt sich für uns die Urverdrängung in mindestens zwei Etappen ab. Die erste, die passive Etappe entspricht der Einpflanzung, dem ersten Eindruck der rätselhaften Signifikanten, noch bevor sie verdrängt werden. Sie haben einen Abwarte-Status, einen Status des Innen-Außen oder (wie noch ein anderer Ausdruck von Freud lautet) einen sexuell-präsexuellen Status. Die zweite Etappe ist mit einer Reaktualisierung und Reaktivierung dieser Signifikanten verbunden, die nun von innen aus attackieren und die das Kind versuchen muss zu binden. Dieser Versuch, die gefährlichen und traumatisierenden Signifikanten zu binden und zu symbolisieren, führt zu dem, was Freud die Theoretisierung des Kindes (die infantilen Sexualtheorien) nennt, und zum teilweisen Versagen dieser Symbolisierung und dieser Theoretisierung, das heißt, zur Verdrängung eines unbeherrschbaren, unfassbaren Restes. Es sind jene Sachvorstellungen, die zu Sach-Vorstellungen geworden sind, die, ausgeschlossen von Kommunikation und Bedeutungsabsicht, einen isolierten Status in dem, was man das Es nennt, annehmen.

Der Trieb ist also weder ein mythisches Wesen noch eine biologische Kraft noch ein Grenzbegriff. Er ist die Wirkung der konstanten Erregung, die die verdrängten Sach-Vorstellungen, die man als Quell-Objekte des Triebes bezeichnen kann, auf das Individuum und auf das Ich ausüben. Was die Beziehungen des Triebes zum Körper und zu den erogenen Zonen betrifft, so würde man fehlgehen, sie vom Körper her zu verstehen; sie sind die Wirkung der verdrängten Quell-Objekte auf den Körper, und zwar über und durch das Ich, welches zuallererst ein Körper-Ich ist und in welchem, auf ganz natürliche Weise, die erogenen Zonen zu Orten der Ballung und Organisation der Phantasien werden.

Nur ein Wort zum Triebdualismus, von dem ich denke, dass er eine Gliederung, eine innere Dichotomie im Sexualtrieb ist. Die Todes- und Lebenstriebe unterscheiden sich gemäß der Natur des Quell-Objektes. Im Todestrieb findet sich das Objekt auf einen einzigen, einseitigen, bruchstückhaften, erregenden und sogar zerstörerischen Aspekt beschränkt. Im Lebenstrieb hat das Objekt immer integrierte, totalisierte Aspekte, selbst wenn es sich um ein sogenanntes Partialobjekt, das heißt um nur einen Teil des Körpers handelt. Dergestalt, dass die Quell-Objekte der Todes- und Lebenstriebe schließlich ein und dieselben sind; im ersten Falle jedoch beschränkte, gleichsam fleisch- und blutleere, auf Erregungsanzeichen reduzierte Objekte, während im zweiten Falle die Tendenz zum Integrieren und zur Synthese bereits durch die Weise selbst, in der sich das Quell-Objekt darstellt, gegeben ist.

Ich möchte noch einmal einige Worte zur sogenannten »ökonomischen« Auffassung sagen, um darin den quantitativen Aspekt vom prozesshaften Aspekt zu unterscheiden. Zunächst: Die Idee einer relativ konstanten Kraft des Triebes bleibt ein glaubhaftes Postulat, selbst wenn es ein utopisches Unterfangen ist, diese Kraft messen zu wollen. Es handelt sich hier um nichts anderes, als um die von den »verdrängten, unbewussten Vorbildern« auferlegte »Arbeitsanforderung«. Falls ich eine gleichsam metaphysische Hypothese über den allertiefsten Ursprung dieser Kraft aufstellen sollte, so würde ich sagen, dass sie das Maß der Unterschiede oder der Ungleichheit ist zwischen dem, was in den an das Kind herangetragenen rätselhaften Botschaften symbolisierbar und dem, was nicht symbolisierbar ist. Sie ist, wenn ich es so ausdrücken darf, das Maß der Quantität des Traumas.

Zweitens, und abgesehen von jeglicher quantifizierender Zielsetzung, ist die Konstante des Triebdranges nur ein Näherungswert, der lediglich für eine bestimmte Zeitspanne gilt. Gegen eine absolute Konstante spricht insbesondere die Hypothese einer Neuschöpfung sexueller »Energie«, deren Entstehungsprozess übrigens denselben Regeln folgt, wie jene der ursprünglichen Schöpfung.

Aber es gibt noch einen anderen Aspekt des Ökonomischen, der seine ganze Wichtigkeit bewahrt: die Unterscheidung zwischen den Funktionsweisen Primärprozess (der, wie man sagt, freien Energie) und Sekundärprozess (der, wie man sagt, gebundenen Energie). Es ist durchaus vorstellbar, dass der Ablauf, von dem hier die Rede ist, die Ablauftypen, der freie und der gebundene, der mehr oder weniger freie und mehr oder weniger gebundene Ablauf nach einem nicht-physikalischen, einem auf einen Ablauf von Bedeutungsinhalten und Informationen in Kommunikationskreisen Bezug nehmenden Modell verstanden werden kann – vielleicht mit dem Paradox, dass man auch von dem Ablauf des Nicht-Sinnes, das heißt des Nicht-Symbolisierten, sprechen müsste.

Schließlich möchte ich, immer noch zum Problem des Ökonomischen, auf den folgenden Punkt zurückkommen: Die unabhängige Existenz des Affekts und jene der Vorstellung werden von Freud aufgrund von unbestreitbaren klinischen Tatsachen postuliert. Sie verdient es, einerseits dem soeben erwähnten Kreislaufmodell gemäß übersetzt und andererseits dem Einzelfall angepasst zu werden. Je qualifizierter ein Affekt ist, desto unbeweglicher ist er; je weniger er es ist, desto mehr nähert sich der entsprechende Prozess dem Primärprozess an. Die Abfuhr (Angst) oder die Verschiebung eines absolut entbundenen Affekts können nur asymptotisch postuliert werden.

Ich hatte mir vorgenommen, über den Trieb in seinem Verhältnis zur Übertragung zu sprechen. Dies würde längere Ausführungen benötigen und ich werde mich damit begnügen, den Kern aufzuzeigen. Die Übertragung, wie ich sie verstehe, ist für die analytische und einige andere spezifische, intersubjektive Situationen kennzeichnend. Diese Situationen haben Folgendes gemeinsam: Sie reproduzieren, sie erneuern die Situation der Urverführung. So interpretiere ich die eher suggestive als streng begründete Formel Lacans vom »Subjekt, dem Allwissenheit zugeschrieben wird«.[6] Das Subjekt, dem diese Allwissenheit zuerst zugeschrieben wird, das ist der Erwachsene für

6 »Sujet supposé savoir«: Lacan bezeichnet damit den Analytiker, dem von Patienten Allwissenheit über dessen Seelenleben zugeschrieben (besser: unterschoben) wird. (A. d. Ü.)

das Kind; sodass man sagen kann, dass bereits die Ursprungssituation des Triebes ein transzendentes und ein Übertragungsverhältnis ist. Transzendenz von vornherein, da die bestehende Leere an Bedeutungsabsicht und der Mangel an Signifikantem den rätselhaften Charakter der Botschaften der Erwachsenen begründen. Transzendenz und Übertragung im Nachhinein, da der ganze Prozess der Symbolisierung darin besteht, neue Signifikanten hinzuzufügen, um so die Signifikanten zu verschieben, zu versetzen und auf diese Weise zu binden, die die stärksten Traumen erzeugen. Die Übertragung – im analytischen Sinne – kann gar nichts anderes sein als die Fortsetzung oder die Wiederaufnahme dieses Symbolisierungsprozesses. In diesem Sinne wäre die Übertragung – weit davon entfernt, jene Art von Rollen- oder Ernüchterungsspiel zu sein, wie manche es sehen – das Wieder-Öffnen der Urübertragung, und ihr Schicksal könnte nur darin bestehen, selbst übertragen zu werden (eine Formulierung, die ich auch bei Wilhelm Reich finde, ohne dass er ihr jedoch, so vermute ich, denselben Sinn gegeben hat: Übertragung der Übertragung).

Ich hatte versprochen, auf meine beiden Ausgangsfragen zurückzukommen: Muss man etwas mit dem Trieb machen? Welchen Status hat die Theorie? Bereits der Inhalt selbst dessen, was ich vorgebracht habe, bringt uns auf einige Spuren. Zuerst zum: »Was soll man damit machen?« Man kann dabei nicht übersehen, dass diese Art von Fragestellung (Was damit machen?) wegen der ihr zugrunde liegenden »Ziel-Vorstellung« nicht von einer auf Anpassung ausgerichteten Ziel- und Zwecksetzung getrennt werden kann. Hier, in diesem Falle, ist es die Anpassung eines Begriffs an eine Finalität, sei diese auch rein technizistischer Natur und gäbe sie auch vor, jeglichen »Wert« von sich auszuschließen. Ist die Frage »Was damit machen?« auf dem Gebiet des Sexuellen überhaupt zu stellen? Und muss man sich nicht vor allem fragen, was der Trieb mit (aus) uns machen kann und wie wir »mit ihm auskommen können«?

Was die Theorie betrifft, so kann ihr Status nicht von der Funktion des kindlichen Wissens und Theoretisierens in der Entstehung der Psyche getrennt werden (ich erinnere aufs Neue an jenen Begriff der »infantilen Sexualtheorien«). Es geht dabei keineswegs darum, die Theorie, wie so oft, zu entwerten, indem man aus ihr eine Erscheinungsform der Phantasie macht, während man im selben Zuge die Phantasie ihrerseits entwertet, indem man in ihr nur etwas Fiktives sieht und nur ihren nicht-realen Aspekt hervorhebt. Will man mir bis hierher folgen, so muss man wohl annehmen, dass uns die analytische Theorie auf ihrer allgemeinsten Ebene (insbesondere jene Theorie des Triebes oder des Quell-Objekts) zeigen muss, wie, unter welchen Bedingungen, mit welchen Erfolgen und Misserfolgen und zu welchem Preis das Subjekt die Rätsel, die ihm die zwischenmenschliche Kommunikation von Anfang an auferlegt, theoretisiert und metabolisiert. Die analytische Theorie ist also gewissermaßen im Verhältnis zu diesem, vom Menschen vollzogenen, grundlegenden und grundsätzlichen Theoretisieren eine Metatheorie: nicht um sich vor allem die Natur anzueignen, sondern um die Angst, die mit dem vom Rätsel verursachten Trauma zusammenhängt, zu binden.

Das bedeutet zugleich, dass die analytische Theorie sich unter keinen Umständen dem Prozess der individuellen Symbolisierung, so wie dieser sich seit dem ersten Ursprung vollzieht und so wie die Kur behauptet, ihn weiterzuverfolgen, aufzwingen oder sich auch nur in ihn einmischen darf. Die Theorie sagt, dass es im Wesentlichen darum geht, dem Patienten dabei zu helfen, dass er mit seinen eigenen Worten, mit seinen eigenen Ausdrücken oder Begriffen und mit den aus seiner eigenen persönlichen Geschichte bewahrten Elementen theoretisiert. Die Theorie über den Trieb, einen Trieb, dessen Quelle in den Vorstellungsobjekten jedes einzelnen Individuums zu suchen ist, lädt dringend dazu ein, die analytische Theorie in einer Distanz zur Kur und deren Übertragungsprozessen zu halten.

Trauma, Übersetzung, Übertragung und andere Über(-Schwänglichkeiten)[1]

Man wirft, mitgerissen von der Assonanz, verführt vom hervorgerufenen oder hervorzurufenden Effekt, etwas zufällig Worte aufs Papier: traumatisme, transfert, traduction, transe, transcendance;[2] da stehen sie nun, niedergeschrieben, freilich weder ganz ohne Vorgeschichte noch ohne gewollte Absicht, in einer Art von Zwischenraum, wo sie verlangen, Sinn zu machen. Von da an ist die Ruhe weg und sie sind wie Reizungspunkte, von denen Unruhe und sogar Angst ausstrahlen, ein echter kleiner Dämon, dessen Energie es zu binden gilt, noch vor jeglicher Hoffnung, diese ablaufen zu lassen und daraus eine gewisse Lust zu ziehen. Dies ist mehr als nur ein Bild, mehr als ein Modell: Es ist eines dieser sich wiederholenden Mikrotraumen, die unsere schöpferische Tätigkeit immer wieder in Schwung bringen.

Der für diese Tagung vorgeschlagene Titel hingegen, *Aktualität des Traumas*, dessen genauerer Formulierung ich bis heute keine Aufmerksamkeit geschenkt hatte, erzeugt in mir weder ein Gefühl von Diskrepanz noch von drohendem Überwältigt-Werden. Ich wünschte nämlich tatsächlich zu einer gewissen Aktualität Stellung zu beziehen, und zwar, genau genommen, zur psychoanalytischen Bewegung und dem, was sie über sich selbst mit der Zeit entdeckt.

Die Quellen zur Geschichte der Psychoanalyse häufen sich und es gibt kaum einen Verlag, der nicht eine oder mehrere Reihen anbietet, die ihr gewidmet sind: Patientengeschichten, insbesondere jene der Patienten Freuds, die Geschichte der Analytiker und der analytischen Bewegung.

---

1 Der französische Titel lautet: *traumatisme, traduction, transfert et autres trans(es)*, wobei »trans(es)«, übersetzt mit Über(-Schwänglichkeit), auf die Auffassung Ferenczis von der Analyse als einem tranceähnlichen Zustand anspielt. (A. d. Ü.)

2 Die wörtliche Übersetzung zerstört natürlich größtenteils die Assonanz: Trauma, Übertragung, Übersetzung, Trance, Transzendenz.

Die Akte »Schreber« schwillt ständig weiter an: Sorgsam zusammengetragenes Beweismaterial über einen Vater, den mit sämtlichen Übeln zu belasten man bereit ist. Über Jahrhunderte zurückreichende Ahnenforschung, auf der Suche nach dem berühmten Seelenmord, Übersetzung bisher unveröffentlichter Texte ... Nunmehr werden »Schreber-Kongresse« veranstaltet.

Auch die Akten über den Wolfsmann werden jetzt zugänglich. Dieser Fall wird besser beherrscht, der »Schnittplan«, wie Michel Schneider sich ausdrückt, ist besser angelegt, übrigens wurde ja der Wolfsmann selbst von vornherein als »Beweisstück« aufbewahrt: ein gleichsam anatomisches Beweisstück, eine Archivnummer.

Das Freud-Archiv, jene große Maschinerie, die geplant und errichtet wurde, um sämtliche Unterlagen zu unserer sagenhaften Geschichte einzuheimsen, spiegelt uns die Hoffnung auf andere »Schnitte« vor. Aber kaum taucht da ein Piratenarchäologe, ein Grabschnüffler oder eine Journalistin (Karin Obholzer) auf, so herrschen Bestürzung und Verwirrung in der Sippschaft.

Bestürzung und Panik im Archiv, bei der schonungslosen Offenlegung des Briefwechsels zwischen Freud und Fließ. Das, was »respektable« Analytiker nur schwierig und »mit Ausweis« bekommen konnten, davon profitiert nun plötzlich und unverschämt ein Abenteurer, ein Avida Dollars. Kaum hat er sich bei unseren strengen Wächtern durch ein *Verführungs*-Unternehmen ohnegleichen Zutritt verschafft, da macht er sich auch schon ans Werk: barbarische Veröffentlichungen, Profanationen, unbedachte und, muss es wirklich ausdrücklich betont werden, inkompetente Kommentare. Jener Gewaltstreich eines Jeff Masson: heilsamer Akt und Werbetrick zugleich. Der Grabschänder zerbricht Objekte, zerstört ganze Schichten, für die andere Jahre brauchen, um sie zu fotografieren und zu archivieren. Er stellt alles zum Verkauf ... natürlich zum Höchstpreis. Ohne ihn jedoch würde die von Freud selbst eingeleitete, offizielle Hagiografie weiter fortgeführt.

Wie steht es nun mit all diesem wirren Treiben und diesen plötzlich wiederauftauchenden Elementen? Welcher Gewinn, welcher Fortschritt in der Analyse, in ihrer Theorie und in ihrer Praxis?

Zwei erledigte Debatten, die ebenso alt sind wie der Freudismus selbst, leben wieder auf und entzünden die Gemüter: Der jeweilige Anteil der Phantasie und/oder der Realität an der Kausalität der Neurose oder ganz einfach des psychischen Wesens selbst. Verantwortlichkeit oder sogar Schuldigsein der Eltern und/oder der Kinder an einem meist wenig beneidenswerten Schicksal.

Debatten, die natürlich in einem Zusammenhang stehen, eng voneinander abhängen und in welchen die Stellungnahmen, wenn auch nicht unbedingt nuanciert, so doch wenigstens ausführlich und sorgfältig begründet sein sollten. Aber da kommen unsere Grabräuber, halten triumphierend Bruchstücke von Statuen in die Höhe und schreien: »Ich getraue mir noch kaum, daran ordentlich zu glauben. Es ist, als hätte Schliemann wieder einmal das für sagenhaft gehaltene Troja aufgegraben.« Der allererste unter den Friedhofsplünderern ist Freud selbst, und Sie werden hier sicher ein Fragment eines Briefes an Fließ erkannt haben; ein später Brief (21. Dezember 1899), lange Zeit nach der sogenannten Bekehrung zur Phantasie.

Phantasie oder Realität. Eine falsche Frage oder eine richtige Debatte? Eine richtige Frage, aber schlecht gestellt, wegen des »Oder«, das jegliches gegenseitiges Inbeziehungsetzen erspart. Vor allem aber ist es eine Frage, die einer tiefen Umwandlung zu unterziehen ist, falls es stimmt, dass Freud und noch mehr jene, die vorgeben, das reale Trauma zu rehabilitieren – oder, ganz im Gegenteil, es zu disqualifizieren –, sich über die Realität, um die es hier geht, nicht im Klaren sind.

Physisches Trauma – psychisches Trauma – traumatische Auffassung der Neurose –, wir haben hier drei voneinander abgeleitete Wesenheiten, d. h. zugleich Kontinuität und Diskontinuität mit Registerwechsel: metonymisch und metaphorisch. Was sie ganz gewiss verbindet, ist der Begriff des *Eindringens*, τϱαυμα kommt von τιτϱαω oder τιτϱοακω mit der Wurzel τϱω, τοϱ, ταϱ, oder τϱα: durchlöchern, durchbohren, eindringen, ein Wort, in dem die sexuelle Penetration ausdrücklich gegenwärtig ist.

Dies verweist uns auf die endgültigen Ausführungen Freuds in *Jenseits des Lustprinzips*: Das Trauma ist ein Einbruch, ein ausgedehnter, nicht begrenzter Einbruch, das Aufbrechen einer Hülle. Eine Invasion, die es erfordert, sämtliche verfügbaren Notbehelfe einzusetzen, um den Eindringling aufzuhalten, bevor man überhaupt daran denken kann, ihn auszustoßen.

Der Begriff des Einbruchs in der Verletzung ist so *wesentlich,* dass Freud niemals das Abschneiden an sich, die Kastration, einem Trauma gleichsetzt.

Ein wesentliches Mittelglied ist hier notwendig: Die Kastration ist nur in dem Maße ein Trauma, in dem es den Organismus, der von nun an keinen Abfuhrweg mehr hat, der Anhäufung von *innerer* Energie und dem Einbruch derselben ausliefert.

Welcher Organismus? Durch welche Hülle begrenzt? Von welchem Pfeil oder welchem Geschoß durchlöchert? Hier kommt eine ganze Reihe von wechselseitig als Umhüllungen funktionierenden Hüllen ins Spiel: Der Körper, das Körper-Ich oder das Haut-Ich, der psychische Apparat, das Ich... Es gibt hier partielle Überschneidungen, die sich bilden oder auflösen und wo die Berührungspunkte dieser Hüllen, die Ein- und Ausgangszonen des Körpers, kurz die erogenen Zonen, eine Hauptrolle spielen. »Das Auge ist das Fenster der Seele«, sagt Leonardo. Die größte Gefahr befindet sich dort, wo die Fenster, die Schwachstellen einander überlagern. Es gibt also eine räumliche, eine räumlich-ökonomische, im Freudismus vollkommen ausgearbeitete Theorie des Traumas, auf die ich jedoch hier nicht eingehen kann.[3] Es gibt auch, *ergänzend* dazu, eine zeitliche Theorie. Einander ergänzende Theorien, denn in den Freud'schen Formulierungen schließen sie einander in keinem Punkte aus.

Ich möchte hier den zeitlichen Aspekt festhalten. Er ist durch den Begriff des massiv psychischen oder massiv physisch-psychischen Traumas zumindest verdeckt. Man könnte hier sagen: Die Wiederholung verdeckt die Nachträglichkeit. In der *traumatischen Auffassung von der Neurose* dagegen lässt sie sich am leichtesten ermitteln. Eine niemals aufgegebene oder eine beständig wiederbelebte* Auffassung: »Die alte Traumatheorie, die ja auf Eindrücke aus der psychoanalytischen Therapie aufgebaut war, kam mit einem Male wieder zur Geltung.« Diese Bemerkung befindet sich in *Aus der Geschichte einer infantilen Neurose*[4] und ich möchte nun auf die diesbezügliche Problemstellung des Wolfsmannes zurückgreifen. Allerdings gewiss nicht, um seine Analyse noch einmal und »besser als die anderen« von Neuem zu machen. Mit dieser Formulierung verweise ich Sie auf das sehr schöne Vorwort von

3 Vgl. besonders: *Problématiques I: L'angoisse*. Paris: PUF 1980, 195ff. und S. 216–229. Und: *Problématiques III: La sublimation*. Paris: PUF 1980, S. 195–203.

4 S. Freud: Aus der Geschichte einer infantilen Neurose. *GW XII*, S. 128.

Michel Schneider: Er zeigt, wie Sergej Konstantinovitch Pankajeff, zugleich »neu-« und »wiedergemacht« worden ist, und zwar von Freud selbst und der analytischen Gemeinschaft. Neu- und wiedergemacht: durch seine wiederholten Analysen; in einer Falle: jener des erzwungenen und entfremdenden Zusammenfalls von analytischer Theoretisierung und der dem Prozess jeder echten Analyse innewohnenden Selbst-Symbolisierung; eingeschlossen: durch den von Freud autoritär bestimmten zeitlichen Abschluss (wie S. Leclaire meint), was zur Folge hatte, dass aus dem Ende seiner Analyse eine Zeit wurde, »in welcher der Widerstand zeitweise verschwunden war und der Kranke den Eindruck einer sonst nur in der Hypnose erreichbaren Luzidität machte«.[5] In dieser gleichsam hypnotischen Zeitspanne treten wir sowohl mit den Anfängen der Psychoanalyse als auch mit der von Ferenczi so genannten »Trance« in Verbindung… Und dann, *last but not least*, die Archivierung, die Tatsache, in ein theoretisch-klinisches Beweisstück verwandelt zu werden, was, meiner Meinung nach, nur die latente Gefahr jeder »klinischen Mitteilung« auf die Spitze treibt.

Ich möchte nicht ins Detail gehen und mich darauf beschränken, einige Momente des Freud'schen Gedankenganges meinen Fragen auszusetzen. Um diese Fragen zu stellen, genügt mir eine ganz grobe Chronologie: mit eineinhalb Jahren die Urszene, mit vier der Traum, der der Phobie zugrunde liegt. In der Zwischenzeit Teilerinnerungen mit sexueller, d.h. genitaler (die Masturbation durch die Schwester) oder genital-analer (die Szene mit Grouscha) Färbung – dies alles von Kastrationsdrohungen begleitet.

Erinnerungen, Rekonstruktionen, Deckerinnerungen? Die Frage bleibt bestehen: Gehen wir etwas näher auf einige Elemente einer möglichen Antwort ein. Die Urszene (Beobachtung des elterlichen Koitus) ist gänzlich konstruiert. Das ist sowohl von Freud als auch durch das Interview mit dem Wolfsmann bestätigt. Es handelt sich um eine, im Laufe der Analyse, rückwirkende Konstruktion, ausgehend vom Traum und seinen Assoziationen. Jedes abschließende Element, jeder Knotenpunkt der Assoziationsketten wird von Freud zur »Wahrheitsprüfung« vorgelegt. Manche werden vom Patienten »verweigert«, in dem Sinne, dass die Deutung kein neues Material hervor-

5 a.a.O., S. 34.

ruft. So steht es mit der Hypothese einer vom Vater selbst ausgesprochenen Kastrationsdrohung: Mangels Ergiebigkeit wird sie fallengelassen. Andere Suggestionen Freuds werden dagegen »akzeptiert«: So z. B. jene, die vorübergehende Symptome erzeugen. Von diesem Augenblick an, das möchte ich betonen, wird die »Aufhebung der infantilen Amnesie« als Ziel der Analyse fallengelassen, und zwar zugunsten einer Rekonstruktion, die jedoch gebührend bestätigt gehört. Schon lange Zeit vor dem Artikel über die *Konstruktionen in der Analyse* sind das konstruktive Verfahren und der Begriff selbst am Werk.[6]

Ich möchte jedoch folgenden, für unser Thema wichtigen Punkt betonen: Die ganze Debatte dreht sich, wie man weiß, um diese Rekonstruktion der Urszene und deren mehr oder weniger auf Tatsachen beruhenden Realität; die ganze Wirksamkeit, die das Trauma verursachende Kraft ist *außerhalb* der Urszene angesiedelt; *also außerhalb der Debatte*!

Wo ist das Trauma? Freud verlegt es, kategorisch, in den *Traum* und dessen nachträglicher Wirksamkeit: »Der Vorfall aber, der diese Scheidung [der Geschichte des Patienten in zwei Phasen, J. L.] gestattet, war kein äußeres Trauma, sondern ein Traum, aus dem er mit Angst erwachte.«[7] Und: »Die Aktivierung des Bildes, das nun dank der vorgeschrittenen intellektuellen Entwicklung verstanden werden kann, wirkt wie ein frisches Ereignis, aber auch wie ein neues Trauma, ein fremder Eingriff analog der Verführung.«[8] Das Trauma, der Einbruch, im wahrsten Sinne des Wortes, ist im Traum: im Moment des inneren Angriffs.

Wo ist die Verführung? Man muss ihre Faktizität ausdrücklich in den sogenannten »Zwischen«-Szenen anerkennen: Episoden mit der Schwester oder den Dienstboten. Aber in Wirklichkeit befindet sie sich vollständig im gegenseitigen Verhältnis und in der gegenseitigen Reaktivierung der Szenen, d. h. in einem Verhältnis, das man nur in Bezug auf die zwischen der Urszene und dem Traum gelegene Zeitspanne verstehen kann. Niemals jedoch wird Freud es wagen, die Verführung in die Urszene *selbst* zu verlegen. So als ob

---

6 ebd.

7 a. a. O., S. 53.

8 a. a. O., S. 144.

die Verführung als eine Struktur *für sich,* eigenständig neben den anderen, bestehen bleiben sollte.[9]

Man muss nun auf diese Urszene mit all ihren konkreten Einzelheiten zurückkommen; man muss auf jenen Zwang zurückkommen, der Freud dazu treibt, auf die Urszene zurückzukommen. Der ganze Prozess des Traumas, die ganze Theorie der Verführung ist im Mechanismus der Nachträglichkeit angesiedelt, in der Aufeinanderfolge von Übersetzungen (wir werden darauf zurückkommen). Nun ist es aber so, dass für Freud alles seinen Ausgangspunkt in einem Wahrgenommenen, in einem *Bild* haben muss. Ein wirklich wahrgenommenes Bild und/oder eine Urphantasie – wir wissen, dass die Diskussion darüber endlos ist und bleibt. Aber was es auch sei, erlebte Szene oder Urphantasie, es handelt sich immer um ein *lücken- und fehlerloses Bild,* um ein Puzzle, in dem sämtliche Stücke vollkommen zueinander passen müssen. »Dieses Material fügte sich zwanglos zusammen, um […].«[10] Und nur wenn dieses Puzzle nicht perfekt ist, wird man die fehlenden Stücke in der Phylogenese suchen, oder zumindest in dem vermeintlich auf sie gegründeten Schema.

Hier habe ich nun die Gelegenheit, von dem Begriff der Urphantasie Abstand zu nehmen, den Pontalis und ich ausgegraben haben: *Weder ihr Ursprung noch ihre Funktion und ihre topische Lage* oder ihr sogenanntes Fixiertsein scheinen mir, in der Art, wie Freud es behauptet, annehmbar zu sein. Nehmen wir das klare Beispiel des Wolfsmannes und der Urszene. Ganz eindeutige Elemente, scheint mir, müssen der nachträglichen sadistisch-analen Übersetzung zugeschrieben werden, ohne dass es auch nur im Geringsten nötig wäre, ihre Anwesenheit in einem onto- oder phylogenetischen Bild anzunehmen. Man muss wohl hinzufügen, dass diese Frage im Freud'schen Text durch die Diskussion mit *Jung* buchstäblich vergiftet ist: Formelhaft ausgedrückt könnte man sagen, dass das *Zurückphantasieren** die Weiterentwicklung des *Zurückkonstruierens** verhindert.

9 Und nicht, wie ich geneigt bin zu denken, als eine den anderen »Urphantasien« – Urszene und Kastration – innewohnende Struktur.

10 a.a.O., S. 125.

Noch eine andere Frage, eine andere Debatte, beide vielleicht ebenfalls durch eine Polemik in die Irre geleitet, tauchen hier wieder auf: die Diskussion mit Adler. Die gestellte Frage ist die der Verdrängung und ihrer Beweggründe. Die Verdrängung ist beim Wolfsmann mit dem Traum und dem Trauma verbunden. Der Traum stellt die genitale Organisation wieder her und zugleich bringt er sie zum Scheitern. An seiner Stelle taucht das Symptom der Phobie auf. Aber hier setzt unvermeidlich die seit dem Briefwechsel mit Fließ gegenwärtige und bis zu *Ein Kind wird geschlagen* fortgesetzte Diskussion wieder ein: Was wird verdrängt und warum? Eine Frage, die in kurzer Zeit so lautet: Muss die Theorie der Verdrängung sexualisiert werden?[11] Freud wird lange Zeit, vielleicht für immer, in der Beantwortung schwanken. Aber hier, beim Wolfsmann, ist es klar: *Das, was verdrängt wird, das ist die Passivität,* welche die Gefahr einer Überflutung, einer Zermalmung des Ichs mit sich bringt:

> Die homosexuelle Einstellung, die während des Traumes zustande kommt, ist eine *so intensive,* daß das Ich des kleinen Menschen an ihrer Bewältigung versagt und sich durch den Verdrängungsvorgang ihrer erwehrt. *Als Helfer bei dieser Absicht* wird die ihr gegensätzliche narzißtische Männlichkeit des Genitales herangezogen.[12]

Wir verstehen darunter, dass der Kastrationskomplex, der Unterschied zwischen Männlichkeit und Weiblichkeit, nur zur Hilfe kommt, um die Verdrän-

---

11 Man wird verstehen, dass meine eigene Stellung von der Unterscheidung zwischen den Ausdrücken »sexualisieren« (= mit der Sexualität verbinden) und »sexuieren« (= mit dem Geschlechtsunterschied verbinden) ausgeht. Die Diskussion mit Adler und bereits mit Jung sowie auch jene in *Ein Kind wird geschlagen* (*GW XII*, S. 195ff.) handelt in Wirklichkeit von einer »Sexuierung« der Verdrängung; einer Sexuierung, die Freud mit gutem Recht zurückweist, denn das Verdrängte kann nicht allgemeingültig definiert werden, weder als das »beherrschte« Geschlecht (das Weibliche beim Manne, das Männliche bei der Frau) noch als, in allen Fällen, die Weiblichkeit (wegen des männlichen Protestes … oder des Kastrationskomplexes). Wenn aber eine solche Sexuierung einmal ausgeschlossen ist, so bleibt die Tatsache, dass die Theorie der Verdrängung nicht auf ihren Bezug zur Sexualität – in dem Sinne, dass diese, mit Freud, von allen Seiten die Sexuierung überflutet – verzichten kann. Genauer gesagt ist die Verdrängung, zur Zeit ihrer ursprünglichen Entstehung, von der Sexualität, diesem Grund-Unverträglichen nicht trennbar. Sie ist von allem Anfang an sexualisiert. Sekundär kann dann die Verdrängung mit dem Eintreten des Kastrationskomplexes sexuiert werden.

12 a.a.O., S. 140 (Worte von J. L. hervorgehoben).

gung zu besiegeln. Aber die Verdrängung ist, für sich genommen, ein Prozess, der dazu bestimmt ist, eine wesentliche (nicht Weiblichkeit, sondern) Passivität zu beherrschen. Ich möchte hier an etwas, was Freud schon von Anfang an behauptet, mit Nachdruck erinnern: Alles Sexuelle beginnt mit einer Erfahrung von Passivität, einer Stellung, die immer wieder anklingt oder sich fortsetzt: So z. B. im systematischen Postulat der Hysterie, die sich hinter jeder Zwangsneurose befindet.

Ob es ihm aber gelingt, *die Passivität zu definieren,* das ist der springende Punkt; denn ich glaube, dass er sich dabei verfängt. Ist es die *Initiative* der Geste? Aber wer von den beiden, der Wolfsmann oder seine Schwester, die nach dem Glied greift – oder sogar wer von zwei Erwachsenen, die vergewaltigende oder die vergewaltigte Person – wer hat die »Initiative«? Ist es die *Penetration*? Die sexuelle und die das Trauma verursachende Penetration decken sich aber vielleicht nicht völlig. Dies scheint selbstverständlich zu sein und dennoch: Ich möchte an Freuds Verlegenheit angesichts des Stillens von Leonardo erinnern:

> Diese Erinnerung scheint mehr in ihr enthalten, was wir noch nicht verstehen. Ihr auffälligster Zug war doch, dass sie das Saugen an der Mutterbrust in ein Gesäugtwerden, also in Passivität und damit in eine Situation von unzweifelhaft homosexuellem Charakter verwandelte.[13]

Hier verfügt die deutsche Sprache über drei Ausdrücke, was einen beachtlichen Spielraum gewährt: Saugen, ein aktives Verb, säugen, ein aktives Tätigkeitsverb, gesäugt werden, ein passives Verb. Ein Spielraum, den Freud nicht voll ausnützt, denn er bleibt in einem auf das Subjekt ausgerichteten Triebschema gefangen, in dem es notwendigerweise der Säugling, das »Subjekt« des oralen Triebes ist, welcher aktiv ist. Daher jenes Rätsel eines aktiven und dennoch »nicht-penetrierenden« Triebes. Daher die Umwege, um, ausgehend von der »Aktivität« des Säuglings, bei der homosexuellen »Passivität« Leonardos zu landen und vor allem bei der in der berühmten Erinnerung an den Milan eingeschriebenen Passivität. Um zur Aktivität der verführenden Mutter zu gelangen, muss Freud ein notwendiges Bindeglied einschieben: Die »brennenden Küsse«, die sie angeblich dem Mund ihres Kindes »aufge-

---

13 S. Freud: Eine Kindheitserinnerung des Leonardo da Vinci. *GW VIII*, S. 168 und vgl. *Problématiques III: La sublimation*. Paris: PUF 1980, S. 82–93.

drückt« haben soll. Als ob das Säugen*, der Akt des Stillens, das Anbieten der Brust oder sogar das Aufzwingen derselben, für sich allein gesehen, nicht genug aktiv oder penetrierend wären.

Die Grammatik allein genügt jedoch nicht, um uns zwischen dem Saugen* und dem Säugen* zurechtzufinden. Um davon ein polemisches Beispiel zu geben, möchte ich nur erwähnen, dass ich mich, als ich vor einem Londoner Publikum versuchte, diese Frage der in der Verführung wesentlichen Passivität zu klären, einem massiven und vielleicht sogar unüberwindbaren Unverständnis gegenübersah: Natürlich, entgegnete man mir, ist alles in einem kreislaufartigen Mutter-Kind-Verhaltensschema *Interaktion*; Komplementarität und Wechselseitigkeit sind offensichtlich; jeder ist auf seine Weise aktiv und passiv, das Kind indem es die Brust nimmt, die Mutter indem sie sie gibt. In der Interaktion ergänzen die Puzzlestücke (hier wie auch eben vorhin) einander perfekt. Logisch zu Ende gedacht, hat es gar keinen Sinn, von Passivität zu sprechen …

Ich möchte hier einen Umweg machen, mit dem Risiko, dass das durch dieses *empiristische* Denken erzeugte Unverständnis, welches uns unter den fadenscheinigsten Vorwänden der Klinik und der Beobachtung gleichsam überschwemmt, noch viel größer wird.

> Definition II. Ich sage, wir handeln, wenn etwas in uns oder außer uns geschieht, wovon wir die adäquate Ursache sind, das heißt (nach der vorigen Definition) wenn aus unserer Natur etwas in uns oder außer uns folgt, das durch sie allein klar und deutlich verstanden werden kann. Dagegen sage ich, wir leiden, wenn in uns etwas geschieht oder aus unserer Natur etwas folgt, wovon wir bloß eine Teil-Ursache sind.
>
> Lehrsatz 1. Unsere Seele tut einiges, anderes aber leidet sie; nämlich sofern sie adäquate Ideen hat, insofern tut sie notwendig einiges, und sofern sie inadäquate Ideen hat, insofern leidet sie notwendig einiges.[14]

Den Weg über Spinoza zu nehmen (ich hätte auch einen anderen Cartesianer wählen können), kann als Provokation erscheinen; der Seelen-Wortschatz ist jedoch weder mehr noch weniger spiritualistisch als bei Freud; die Berufung auf die adäquaten oder inadäquaten Ideen bringt uns nicht, was auch immer man davon denken mag, auf die Bahn des Intellektualismus, sondern in die

---

14 B. de Spinoza: *Die Ethik*. Hamburg: Meiner, S. 110–111.

Richtung der Mittel, über die das kleine menschliche Wesen – in seinem Versuch, das zu beherrschen, was aus der Erwachsenenwelt auf es zukommt – verfügt. Weder die Passivität noch die Aktivität sind durch die Initiative der Geste zu bestimmen oder zu definieren, ebenso wenig wie durch die Penetration oder irgendein anderes Verhaltenselement. Die Passivität liegt gänzlich in der nicht-adäquaten Symbolisierung dessen, was auf uns vonseiten der anderen zukommt.[15] Um z. B. das *Saugen** und das *Säugen** zu differenzieren und einander zuzuordnen, verlieren die Begriffe der Interaktion und der Wechsel- oder Gegenseitigkeit ihren Wert. Das *Saugen** ist ein zur Selbsterhaltung gehörender Verhaltensmechanismus. Das *Säugen** ist zweifellos ein Verhalten, dem aber eine »ihm selbst unbekannte Botschaft« innewohnt. Das *Gesäugt-Werden** ist das Moment, wo »in uns etwas geschieht [...] wovon wir nur zum Teil die Ursache sind«[16] und wovon wir vergeblich versuchen, die Ursache zu werden. Die Passivität der Verführung, die das innere Trauma erzeugt, ist nicht die Passivität der Geste oder des Verhaltens. Das Kind, das begierig die Urszene *betrachtet,* ist ebenso passiv, im Sinne Spinozas, wie jenes, das von seiner Mutter *masturbiert wird,* und zwar in dem Maße, in dem sein Verstehen der an ihn herangebrachten Botschaft nicht adäquat ist.

Vom *Puzzle* sind wir nun zum *Rätsel* gelangt und zu dem, was ich »Transzendenz« nenne. Sie sehen, dass diese die engste Beziehung zu dem hat, was als ursprüngliche Verführungssituation zu definieren ist. Die Verführung, die Theorie und die Tatsachen der Verführung bringen mich auf die zweite Masse der bis zu uns gelangten und vielleicht uns erdrückenden Dokumente: die Briefe an Fließ, die Ermittlungen Marianne Krülls und Jeff Massons und, bereits früher, der Schurs. Dokumente, die wie um ein Epizentrum, um das, was man das »Aufgeben« der Verführungstheorie taufen wollte – und leider bleibt dieser Taufname haften – gruppiert sind. *The Assault on Truth. Freuds suppression of the seduction theorie,* so lautet der Titel von Massons kleinem Buch; ins Französische übersetzt: *Le réel escamoté. Le renonce-*

15 Was die Aktivität betrifft, so kann sie nur negativ, im Verhältnis zu dem der passiv ist, definiert werden. Das absolut Aktive, das ihm selbst und seinen Aktionen Adäquate, das ist sicher nicht der Erwachsene ... sondern »Gott«.

16 Die berühmte orale Triade eines Lewin »essen, gegessen werden, schlafen« wäre derselben Sequenz einzuordnen und neu zu formulieren.

ment de Freud à la théorie de la séduction.[17, 18] Welcher von beiden, der Originaltitel oder seine Übersetzung ins Französische, entspricht besser dem, was tatsächlich geschehen ist? Was übrigens nicht das ist, was Masson sagen will… Denn für Masson und alle anderen sind die wirklichen Fakten der Verführung und deren Theorie ein und dieselbe Sache: Die sexuelle Verführung, allein aus ihrer Faktizität heraus, soll angeblich ein kontingentes, pathogenes Trauma sein, von dem man sich nicht erholt. Weiß man, wie Freud dazu steht? Aber vor allem, weiß man, welches Kind mit welchem Wasser aus welchem Bade von ihm ausgeschüttet wurde? Alle Welt greift heutzutage auf den berühmten Brief von der Tagundnachtgleichen im September 1897 zurück: »Ich glaube nicht mehr an meine Neurotica […].« Man kann, in aller Bequemlichkeit, diesen Brief als eine Reihe von Argumenten betrachten, die eine Theorie widerlegen. Das macht, zum Beispiel, eine Marianne Krüll. Ein »Falsifikations«-Brief, wie Popper sagen würde. Die »Falsifikation« oder die Widerlegung des Jahres 1897? Warum nicht? Dies würde zumindest ein Beweis dafür sein, dass die Psychoanalyse Widerlegungen ausgesetzt ist, was mich nicht verdrießen kann; aber unter der Grundbedingung, dass die Kur nicht als adäquater, experimenteller Rahmen für eine derartige Widerlegung betrachtet wird.

Wie dem auch sei, dieser Widerlegung aus dem Jahre 1897 ist nur mit großer Vorsicht zu begegnen, sowohl was das betrifft, was sie *wirklich* widerlegt (oder zurückweist?), als auch das, was den – oft »kesselartigen«[19] – Wert ihrer Argumente angeht.

Worum geht es eigentlich bei dieser Rückkehr zu der Periode 97 (»Periode« in Anführungszeichen, denn die Entwicklung ist komplexer, mit Rückfallen, Etappen)? Drei Möglichkeiten, drei Deutungen, drei Optionen bieten sich uns an:

---

17 Wörtlich: Das unterschlagene Reale. Freuds Verzicht auf die Verführungstheorie.

18 J. Masson (1984): *Le réel escamoté*. Paris: Aubier. Der englische Titel wörtlich übersetzt lautet: *Der Angriff auf die Wahrheit. Freuds Unterdrückung der Verführungstheorie*. Der deutsche Titel lautet: *Was hat man dir, du armes Kind, getan? Sigmund Freuds Unterdrückung der Verführungstheorie*. Hamburg 1984.

19 Vgl. S. Freud: *GW II/III*, S. 125; *GW VI*, S. 65ff.

Die Option der wilden Revisionisten, der »ins Reale Verliebten« wie Platon sagte, jene, die keine Ruhe geben, solange sie nicht die Bäume umarmen. Wenn man ihnen und ihren entflammten Reden folgt, so würden die Argumente Freuds von 1897 von Unaufrichtigkeit zeugen und wären Zeichen seines Widerstandes, die Selbstanalyse zu vertiefen. Ein Widerstand gegenüber der infantilen, durch die »Perversion« des Vaters gekennzeichneten Wirklichkeit (wie dies wohl nebenbei bemerkt wird); Widerstand angesichts des Realen, das sich auch in die damals aktuelle Beziehung zu Fließ einschalten würde (unter der doppelten Figur der Emma Eckstein und des Sohnes von Fließ…). Wie auch immer es mit der Analyse des Individuums Freud bestellt sein mag, es müsste genau an diesem Moment des Sichsträubens die Fährte der historischen Forschung, und das wäre die Analyse selbst, wieder aufgenommen werden: zuallererst das Aufdecken der im konkretesten Sinne verstandenen Verführungs*geschehnisse*: die Fakten der Erwachsenen-Pädophilie.

Ich möchte unverhohlen betonen, dass dies hier ein unleugbarer, unvermeidbarer Weg ist, selbst wenn er daran krankt, dass in keiner Weise die Frage gestellt wird, was diese Pädophilie eigentlich bedeutet und wie auf sie reagiert werden kann; das ist gewissermaßen der Weg Ferenczis. Aber es ist auch jener Freuds, und zwar im *Wolfsmann.*

Wie man wohl weiß, beziehen sich jedoch diese Fakten nur auf relativ späte Szenen, und zwar so, dass sich uns über diese Sackgasse der Erinnerungen hinaus zwei eher waghalsige Pfade anbieten: jener der Rekonstruktion und jener der Trance. Zwei ständig gegenwärtige, immer wieder und von neuem, wahlweise oder – und zwar seit der Kur des Wolfsmanns – gleichzeitig versuchte Wege. Wege der Gewalttätigkeit, der eine wie der andere, und zwar in dem Maße, in dem sie auf die Spitze getrieben werden: Jene äußerste Spitze, welche in »Konstruktionen in der Analyse« am Ende als unerwünschte halluzinatorische Wiederbelebung metonymischer Restbestände der Urszenen bezeichnet wird.

Nur der Form halber möchte ich die mögliche *zweite Option* zitieren, die die Revision von 1897 betrifft. Die klassische Formulierung ist, dass sie den Weg zur Anerkennung der psychischen Realisierung, des spontanen Phantasierens und des Ödipuskomplexes öffnet. Dieses *Happy End,* Sie werden es erraten haben, ist nicht nach meinem Geschmack. Im schlimmsten Fall nährt es die bio-logisch-phylogenetischen Hypothesen über den Ödipuskomplex, die nicht mehr aufhören werden, im Freudismus ihr »Wesen und Unwesen zu treiben«. Im besten Falle führt es zu den Versuchen einer strukturalistischen oder struktur-kulturalistischen Deutung des Ödipuskomplexes. Diesen gelingt es jedoch nicht, korrekt zu bestimmen, auf welcher Seite sich die Kastration und, allgemeiner gesprochen, das Gesetz befindet.

Die *dritte* von der Revision von 1897 ausgehende *Möglichkeit* wird wohl *die Vertiefung des Verführungsbegriffes sein.* Ich habe von drei möglichen Lösungen gesprochen. Aber in Wirklichkeit hat Freud (wie er es zu einem anderen Thema des Wolfsmannes bemerkt – aber ist es nicht vielleicht dasselbe?) »die drei Strömungen nebeneinander bewahrt«. Seine Theorie, seine Libido befand sich in drei Wege aufgespalten: in jenen Weg, der weiter dem Ereignis nachspürt; in jenen, der sich zur Regel macht, die Analyse im Boden der »psychischen Realität« zu verankern, und in jenen, der versucht, den Verführungsbegriff weiter auszuarbeiten, indem er ihn auf das Wesentliche zurückführt, insbesondere auf die in der mütterlichen Pflege verkörperte Basis-Verführung.

Freud konnte nicht darüber hinausgehen. Er konnte die ursprüngliche Verbindung zwischen dem Ereignis und der Phantasie, welche das Wesentliche an seiner Theorie ausmachte, jener Theorie, die man ebenso im *Entwurf,* wie auch in der *Ätiologie der Hysterie* oder im *Weihnachtsmärchen* finden kann, nicht weiter vertiefen. Die wahre Verführungstheorie brachte das Sediment eines ersten Realen, ein erstes Ereignis, in einen wie durch ein Gelenk verbundenen Zusammenhang mit der Wirksamkeit, die das Ereignis dadurch erhielt, dass es Erinnerung, innerer Fremdkörper wurde. Es blieb noch aufzuzeigen, was die Natur dieses ersten Sediments, dieser ersten intern-externen Spuren war, und es musste noch der Unterschied zwischen jenem Realen und einem lediglich wahrgenommenen Objekt, dem, was nicht mehr als ein Bild ist, herausgestellt werden.

Der Brief Nr. 112 von Freud an Fließ[20], datiert vom 6. Dezember 1896, also mitten in der Zeit der Entwicklung der Verführungstheorie, er eignet

20 Brief 52 nach der alten Nummerierung: ein Zeichen für das Ausmaß der bei der ersten Veröffentlichung ausgeübten Zensur.

sich vielleicht am besten dazu, auf den Platz hinzuweisen, den Freud für unseren Änderungs- oder Umwandlungsvorschlag freigelassen hat. Ich kann nichts Besseres tun, als zunächst einige Stellen zu zitieren, die das Schema des Seelenapparates erläutern:

> Du weißt, ich arbeite mit der Annahme, daß unser psychischer Mechanismus durch Aufeinanderschichtung entstanden ist, indem von Zeit zu Zeit das vorhandene Material von Erinnerungsspuren eine *Umordnung* nach neuen Beziehungen, eine *Umschrift* erfährt. Das wesentlich Neue an meiner Theorie ist also die Behauptung, daß das Gedächtnis nicht einfach, sondern mehrfach vorhanden ist, in verschiedenen Arten von Zeichen niedergelegt. […] Dazu folgendes Schema […]

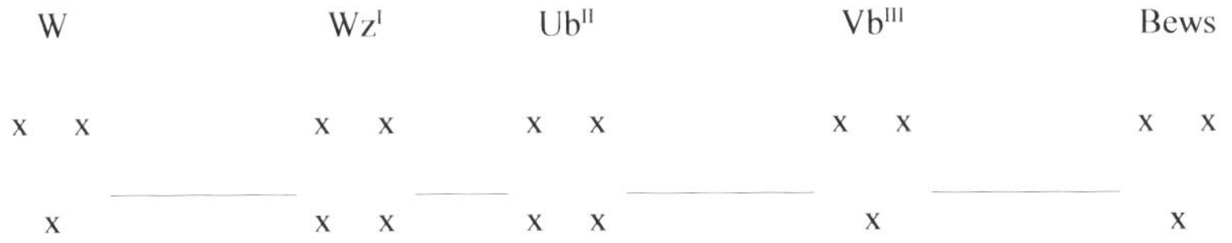

W	Wz[I]	Ub[II]	Vb[III]	Bews
x x	x x	x x	x x	x x
x	x x	x x	x	x

> W sind Neurone, in denen die *Wahrnehmungen* entstehen, woran sich Bewußtsein knüpft, die aber an sich keine Spur des Geschehenen bewahren. *Bewußtsein und Gedächtnis schließen sich nämlich aus.*
>
> Wz (Wahrnehmungszeichen) ist die erste Niederschrift der Wahrnehmungen, des Bewußtseins ganz unfähig, nach Gleichzeitigkeitsassoziationen gefügt.
>
> Ub (Unbewußtsein) ist die zweite Niederschrift, nach anderen, etwa Kausalbeziehungen angeordnet. Ub-Spuren würden etwa Begriffserinnerungen entsprechen, ebenfalls dem Bewußtsein unzugänglich.
>
> Vb (Vorbewußtsein) ist die dritte Umschrift, an Wortvorstellungen gebunden, unserem offiziellen Ich entsprechend. Aus diesem Vb werden die Besetzungen nach gewissen Regeln bewußt, und zwar ist dieses sekundäre *Denkbewußtsein* ein der Zeit nach nachträgliches, wahrscheinlich an die halluzinatorische Belebung von Wortvorstellungen geknüpft, […].
>
> Ich will hervorheben, daß die aufeinanderfolgenden Niederschriften die psychische Leistung von sukzessiven Lebensepochen darstellen. An der Grenze von zwei solchen Epochen muß die Übersetzung des psychischen Materials erfolgen…
>
> Wo die spätere Überschrift fehlt, wird die Erregung nach den psychologischen Gesetzen erledigt, die für die frühere psychische Periode galten, und auf den Wegen, die damals zu Gebote standen. Es bleibt so ein Anachronismus bestehen, in einer gewissen Provinz gelten noch »Fueros«; es kommen »*Überlebsel*« zustande.
>
> Die Versagung der Übersetzung, das ist das, was klinisch »Verdrängung« heißt.[21]

21 S. Freud (1986): *Briefe an Wilhelm Fließ*. Ungekürzte Ausgabe. Frankfurt a.M., Brief 112, S. 218f.

Bevor wir unseren Keil in dieses dichte Gefüge treiben, wollen wir das Modell etwas näher bestimmen: Es ist ein zugleich genetisches (diachronisches) und topisches (synchrones) Modell: Die ebenfalls wesentlichen ökonomischen und dynamischen Erwägungen gehören in diesen Rahmen. Die erwähnten Systeme stehen in einer zeitlichen Reihenfolge und ordnen sich im Apparat einander zu. Es ist ein semiotisches, *nicht aber* ein linguistisches Modell: Die Systeme sind aus Zeichen, aus *Spuren* verschiedener Natur gemacht; aber die linguistischen Zeichen erscheinen erst mit der »dritten Schrift«, jener des Vorbewusstseins.

Es ist ein »übersetzerisches« Modell: Der Übergang von einem System zum anderen ist eine neue Niederschrift, die gemäß einem, im Vergleich zum vorhergehenden, heterogenen Schlüssel verfasst ist. Die Verdrängung, die Erhaltung im Unbewussten, ist nichts anderes als das Scheitern, das Straucheln, die Versagung der Übersetzung.

Ein bewundernswertes Modell, in dem aber das ganze Rätsel (*das ist hier wohl das passende Wort*) auf der Natur des Wz, des vorbewussten Systems[22] beruht, das die Eigenschaften der Wahrnehmung und des Zeichens* zugleich besitzt. Zeichen oder Anzeichen? In den folgenden Systemen ist es offensichtlich: Eine Übersetzung kann nur von Zeichen, die sie ab- und umschreibt, stattfinden. Sprache und Ziel-Sprache, jedes System ist zugleich beides: Ziel für das Vorhergehende, Ursprung für das Folgende. Mit dem ersten System ist es jedoch anders: Da es, wie angenommen, von der Wahrnehmung ausgeht, stellt es von dieser nur ein objektives Anzeichen dar; aber andererseits, wie könnte es sich der Übersetzung anbieten, wenn es sich nicht als Zeichen präsentierte? Wohl deshalb, weil es »Zeichen macht« und »Zeichen setzt«, muss man versuchen, es zu übersetzen, sodass es sich dem Kind als etwas zu *Übersetzendes* aufzwingt, und zwar in eine ursprüngliche Übersetzung, die nicht umhin kann, einen beträchtlichen Rest zurückzulassen. Dieser Rest ist das als Sach-Vorstellung ins Unbewusste zurückfallende *fuero.*

22 Was wohl beweist – einmal mehr –, dass das Unbewusste nicht das erste ist, die fons et origo, von denen alles abgeleitet wäre. (Vgl. *Problématiques IV: L'inconscient et le ca.* Paris: PUF 1981, S. 81–88.)

Es scheint, dass Ferenczi zu einem gewissen Zeitpunkt dieses geniale Modell mit seinem Begriff der »Sprachverwirrung« vervollständigen wollte. Er bestimmt gut die Differenz, in der die ganze Bewegung ihren Ursprung nimmt, in dem Gegensatz zwischen zwei Sprachen. Aber es gelingt ihm nicht, zu erfassen, dass das Wesentliche der Differenz sich nicht zwischen dem Kind und dem Erwachsenen befindet, sondern ursprünglich im Inneren selbst der Erwachsenen-Sprache. Das Beste ist, an dieser Stelle François Gantheret zu zitieren:

> Es ist höchst erstaunlich, daß Ferenczi nicht einen Schritt weiter in der von ihm eingeschlagenen Richtung getan hat. Die vom Erwachsenen gesprochene Sprache der Leidenschaft bricht buchstäblich, so meint er, in die Zärtlichkeit des Kindes ein. Aber wie kann Ferenczi, der so sehr auf dem *Kind im Erwachsenen* bestand, den Erwachsenen reduzieren [...] auf den Erwachsenen? Vielleicht wurde er zu diesem Schritt deshalb verleitet, weil er in einer zu realistischen Weise sein Interesse auf eine Vergewaltigungsszene konzentrierte; einen Schritt, den er zweifellos, falls er bei seiner Intuition in bezug auf die *Sprache* der Erwachsenen geblieben wäre, nicht getan hätte: Denn die Sprache kann nicht das Attentat mit sich führen, ohne daß sie zugleich die Unschuld mit sich führt; den Augenblick ohne die Dauer. Das, was der Erwachsene dem Kind aufzwingt, weicht nicht nur von der Zärtlichkeit des Kindes ab: Es ist diese Abweichung selbst.[23]

So ist das, was am Ort selbst der Wahrnehmungsspur (des Wz), und noch bevor es zum ersten Mal übersetzt wird, eingezeichnet wird, und zwar passiv eingezeichnet, das, was es zu bestimmen und zu orten gibt. Es ist eine »ihm selbst unbekannte Botschaft«, ein rätselhafter Signifikant. Das Unübersetzbare, das Verdrängte, das sich in jedem späteren Stadium ablagern wird, ist nur das Echo, der Restbestand des der Botschaft selbst innewohnenden Unübersetzbaren. Das, was mit mehr oder weniger *Restbeständen übersetzt, übergesetzt, übertragen, aber niemals aufgelöst werden wird, das ist die Transzendenz der Ursituation – dieses Verhältnis des Kindes zu einem Erwachsenen, der etwas wissen lässt, um das er selbst nicht weiß.*

Es ist in genau diesem Sinne, dass ich von der Transzendenz der Übertragung gesprochen habe. Die analytische Situation, man hat es betont, ist aus Abwesenheit und Symbolisierung, aus *Containement* und *Versagung** (Aktion und Zustand der Versagung) gemacht. Auf diese Weise ist sie unmittelbar

23 F. Gantheret (1984): *Incertitude d'Eros*. Paris: Gallimard, S. 147.

eine Nachbildung, eine »Wieder- oder Neuauflage« der Ursituation. Das ist natürlich bekannt. Wir kennen auch immer besser das oft gefährliche Wechselspiel und die oft gefährliche Dosierung zwischen der analytischen Arbeit, einer Entbindungsarbeit, welche, zumindest für eine gewisse Zeit, gemäß dem Prinzip des Todestriebes funktioniert, einerseits, und dem notwendigen Zusammenführen und Zusammensetzen, dem notwendigen Aufrechterhalten der Grenzen, ja sogar der vorübergehenden Prothese für ein versagendes Ich, andererseits. Der Körper der Analyse, der Rahmen oder das Setting, wie man sagt, erfüllt seine Funktion des Aufrechterhaltens nur dann, wenn ihm der Körper des Analytikers innewohnt. Bevor sie gleichschwebend ist, ist die Aufmerksamkeit ein aufmerksames Gegenwärtigsein, ja sogar Zuvorkommenheit des Körpers. Ich spreche hier natürlich nur über relativ klassische Analysen (falls es die gibt…) von Neurotikern. Darum werde ich meine Aufmerksamkeit vor allem *auf den anderen Aspekt lenken,* auf das, was man als Frustration, Versagungen oder auch als analytische Neutralität bezeichnet.

Um es mit einem Wort zu sagen: Die Analyse – gemäß einer bei Pascal und Descartes auftauchenden Formulierung – wäre nicht die Mühe einer einzigen Stunde wert, falls sie dieser neutrale Ort wäre, der nur dazu bestimmt ist, die endlose Folge der Ängste, Verdrängungen und alten Traumen wieder abzuspielen, sich erschöpfen und sich dann auflösen zu lassen. Trotz allem, trotz uns, gibt es in der Analyse, selbst in der Freud'schen, die Sehnsucht, indem *die* Übertragung aufgelöst wird, *durch* die Übertragung das aufzulösen, was sich früher »vollständig«, »in praesentia« zugetragen hat. *Ungeschehen machen**, ist dies nicht das absurde Ideal, das in Ausdrücken wie »falsche Verbindung«, »Wiederholung«, »Anachronismus« durchsickert und mit denen wir, in der Folge Freuds, die Übertragung bemänteln; dies alles in der wahnsinnigen und lächerlichen Hoffnung, sie zu »erledigen«.

Meine Erklärung ist glücklicherweise nicht nur meiner Laune zuzuschreiben. Denn das, was nicht einmal »die Mühe einer Stunde wert wäre«, kann sich gar nicht ereignen, da ja *das, was in dem Hohlraum der Analyse ihren Platz findet, nicht etwas Volles ist, das dort gleichsam zu seiner Auflösung käme: Es ist ein anderes »Hohles«.* In der Transzendenz der Übertragung die Transzendenz der Ursituation.

Um es kurz zu sagen, ich unterscheide unter den Versagungen des Analytikers und den Versagungen der analytischen Situation zwei hauptsächliche

Typen.[24] Zuallererst versagt der Analytiker, und er versagt es sich selbst, das Sexuelle mit der Anpassung auf ein und dieselbe Ebene zu bringen. Diese Art von Versagung ist gleichsam der innere Fortsatz, die Verdoppelung in der Kur selbst, Verdoppelung dessen, was ich den analytischen *Bottich* nenne. »Versagung in das Reale einzugreifen?« Eine solche Formulierung, wir können es nur bedauern, führt sämtliche Aporien der Kategorie des Realen mit sich und drängt uns am Ende nur auf der Ebene einer als rein subjektive Phantasmagorie aufgefasste Phantasie zu interpretieren. Meiner Meinung nach bedeutet der Bottich nicht, dass die auf das Ereignis anspielende Rede nicht eventuell Gegenstand der Interpretation werden kann. Diese Versagung ist also von anderer Natur; sie ist Versagung gegenüber jedem *auf Anpassung abzielenden Eingriff:* Manipulation oder Ratschlag.

Aber der zweite Typ von Versagung ist noch wesentlicher, nämlich die *Versagung zu wissen.* Hier ist die Formulierung eines Lacan grundlegend, wenn auch zu be- und überarbeiten: »Das angeblich wissende Subjekt«, »le sujet supposé savoir«. Der Patient wendet sich an den Analytiker wie an jemanden, der weiß: Die Ursache seines Leidens ... was er wirklich will ... was sein Heil ist. Eine Situation, die unweigerlich in Resonanz mit der Ursituation tritt: Jener des Elternteils, der angeblich...? Sagen wir: »Der angeblich wissen läßt.« Wenn nun aber in der Analyse das Wissen als strittiger Punkt erscheint oder erscheinen kann, wenn es zum Gegenstand eines dringenden Anliegens werden kann, dann liegt die Pflicht des Analytikers in der Versagung. Das Wissen versagen heißt, Trauma und Urverführung wieder erneuern; sei es stark und gewaltsam oder schwach und »sanft«, jedenfalls kann nur dieses Trauma den Prozess der Übersetzung und Symbolisierung in Gang bringen.

In gewisser Weise befindet sich dies in einem völligen Gegensatz zu dem, was Freud dem kleinen Hans gesagt hat: »Seit aller Ewigkeit wußte ich, daß eines Tages ein kleiner Knabe usw.« Dass Freud, wie Lacan es behauptet, derjenige war, der wusste, und zwar als einziger, kann dies die Dinge, die Archivierung des Wolfsmannes mit inbegriffen, rechtfertigen? Wusste Freud

24 Vgl. z. B.: La transcendance du transfert. *Psychanalyse à l'Université.* 1984, 9, S. 581–583.

nicht genug darüber, um sich selbst das Wissen zu versagen? Sich selbst das Wissen zu versagen, das scheint mir die vielleicht unmögliche, aber grundsätzliche und grundlegende Regel zu sein, die sich aus unserem theoretischen Wissen ergibt.

Für morgen[25] hat man uns versprochen: »Hören, binden«. Dieser Titel gestattet mir nach diesem langen Vortrag das Wort ganz natürlich weiterzugeben. Binden, das ist ein *Durch,* ein Durcharbeiten, das nur ein Hören sein kann, zwar ein verarbeitendes, aber immer nur ein dienendes Hören. Ein poetisches? Vielleicht, aber nicht jeder ist Poet, der es sein will, und der Blitz kann seinen Bogen nur zwischen zwei Polen spannen. Es ist ein *durch,* welches bei jedem Menschen (der zur Analyse kommt) das Versagen, die Risse, die unheilbaren Ungeheuerlichkeiten des inneren Reizschutzes[26] ersetzt.

Die Übertragung: sie ist sicher ein *Über*, ein Über-setzen und Über-tragen, aber *vor allem keine* Über-schwänglichkeit. Ein *Über*, um ein *Durch* zu ermöglichen. Welches aber notwendigerweise zu einem anderen *Über* führt, denn ich kann kein anderes reales und realistisches Schicksal für die Übertragung sehen, als ihrerseits übertragen zu werden.[27] Nicht derart, wie in der von Freud einem Ferenczi erzählten Geschichte des Hans im Glück, dass die Übertragung einem anderen aufgehalst würde, jedesmal mit einem Verlust, einer Entropie, und dies bis zum letzten Bröckchen (eine Auffassung, die Lacan nicht verleugnet hätte…), sondern um anderswohin, an einen anderen Ort der Transzendenz übergesetzt zu werden und um eines anderen durcharbeitenden Umschreibens willen.

---

25 Vortrag von André Beetschen: *Hören, binden: der Analytiker und der Reizschutz.*

26 Ein innerer Reizschutz, der so selbstverständlich versagt… dass Freud meinte, er existiere nicht!

27 Eine schon von Reich gebrauchte Formulierung; aber ich weiß nicht, ob er sie so verstand; ehrlich gesagt, bezweifle ich es.

Der Todestrieb in der Theorie des Sexualtriebes

1. Vorwort

Da ich mehrere Male Gelegenheit gehabt habe, mich zur Frage des Todestriebes zu äußern, vom *Vokabular der Psychoanalyse* mit J.-B. Pontalis und *Leben und Tod in der Psychoanalyse* bis zu *Problématiques IV,* kann ich in diesen, der Diskussion vorangehenden Eingangsbemerkungen, nur ein Schema vorschlagen, das eine gewisse Anzahl von Thesen zusammenstellt; gewisse Konturen sind dabei verschärft, um die Unterschiede und Optionen spürbarer zu machen.

2. Einige Vorbemerkungen

2.1 Der Begriff »Todestrieb«* wird von Freud zu einem bestimmten Zeitpunkt seines Werkes eingeführt. Er stellt jeden, ob er ihn nun übernimmt oder ablehnt, vor die dringende Notwendigkeit, gegenüber der Freud'schen Theoretisierung und ihrer Geschichte Stellung zu beziehen. Wir müssen eine klare Position zwischen zwei gegensätzlichen Klippen finden:

- den Begriff »*Todestrieb*« übernehmen, wobei wir ihn aber mit einem Inhalt versehen (z. B. Aggressivität), der weder den Erfahrungen, die Freud im Auge hatte, noch der Funktion des Begriffes im allgemeinen Gleichgewicht des Freud'schen Denkens entspricht;
- umgekehrt dem Buchstaben nach und rein dogmatisch den Freud'schen Formulierungen zustimmen wäre eine absurde und unhaltbare Stellung, sei es auch nur wegen der Widersprüche dieser Formulierungen und ihrer Entwicklung.

2.2 Eine Theoretisierung, die *nach Freud* stattfindet und hierbei manchmal ganz wesentliche Unterschiede zu dessen ausdrücklichen Formulierungen hervorhebt, ist nur insoweit gerechtfertigt, als sie fähig ist, in einer dreifachen – problematischen, historischen und kritischen – Perspektive über ihre Optionen Rechenschaft abzulegen.

- *problematisch*: Den Schwierigkeiten und Widersprüchen kann nicht ausgewichen werden, denn sie sind mit den Schwierigkeiten des Gegenstandes selbst verbunden. Man muss sie also »arbeiten« lassen, d. h. man muss den Widerspruch auf die Spitze treiben, um zu versuchen, auf einer anderen Ebene eine Formulierung zu finden, die die Weise, in der das Problem gestellt wird, selbst verändert.
- *historisch und deutend:* Die Geschichte des Freud'schen Denkens ist nicht eine simple Chronologie, in der die (klinischen und/oder spekulativen) Entdeckungen sich – die eine der anderen – hinzufügen würden. Sie ist nicht einmal eine Dialektik, deren letzte Stufe die Schwierigkeiten mit einer letzten und höchsten Synthese krönen würde. Das Freud'sche Denken selbst unterliegt den Phänomenen der Nachträglichkeit, der Verdrängung, der Rückkehr des Verdrängten, der Wiederholung usw. Und schließlich spiegelt die Entwicklung des Denkens in mehr als einem Punkt die Entwicklung der »Sache selbst« wieder (z. B. Freuds »Aufgeben« der Selbsterhaltungstriebe, die er auf einer anderen Ebene wieder einführt, *genauso* wie das menschliche Wesen sich dazu veranlasst sieht).
- *kritisch,* schließlich, in dem Sinne, in dem man *wählen* muss. Dieses Auswählen selbst ist durch das historische und denkende Lesen geboten, das erlaubt, grundsätzliche *Anforderungen* herauszuarbeiten, indem man die sekundären Rationalisierungen und die oft verfälschende Weise vernachlässigt, in der Freud seine eigene Geschichte neu- und umschreibt. Mit welchem Recht soll diese oder jene Formel aus den Jahren 1915, 1920, 1939 bevorzugt oder, im Gegenteil, kritisiert werden, wenn nicht dank einer deutenden Sicht, die es erlaubt, vom Fortschritt, von den Stockungen, den Rückläufen und Verdrängungen und von der, dem psychoanalytischen Denken innewohnenden Metapher-Bildung Rechenschaft abzulegen.

2.3 Den Todestrieb* zu übernehmen (oder abzulehnen) verlangt zwingend ein Minimum an Klarheit über das, was Freud unter Trieb* und unter Tod* versteht. Was den Trieb betrifft, so hat das Voranschreiten der Freud-Studien seit langem gezeigt, dass die Übersetzung mit »Instinkt« nicht nur unrichtig ist. Sie ist grundsätzlich und grundlegend dem Denken Freuds, der in sehr genauen und heterogenen Bedeutungen »Trieb«* (pulsion, *drive)* und Instinkt* (instinct) benutzt, entgegengesetzt. Ein weiterer Gegensatz zeichnet sich ab, sicher weniger kategorisch, zwischen dem Trieb* und Begriffen wie *Bedürfnis* und *Funktion,* die häufiger benutzt werden, wenn es sich um die Selbsterhaltung handelt, als wenn es um die Sexualität geht. Wir wären unsererseits dazu geneigt, diesen letzten Gegensatz zu verschärfen.

2.4 Was den Begriff des *Todes* im *Todestrieb** betrifft, so scheinen uns die Freud'schen Ansprüche hervorgehoben werden zu müssen, auch auf die Gefahr hin, sie neu zu deuten.

a) Der Tod, um den es hier geht, ist immer in erster Linie der *Tod des Individuums selbst* und nur sekundär der dem anderen zugefügte Tod. Freud hat jahrelang den »Aggressionstrieb«, der ihm ohne Unterlass von seinen Schülern vorgeschlagen wurde, zurückgewiesen. Wir betonen hier den Vorrang der Zeit »auto-« *(selbst)* (Selbstdestruktionstrieb)*, in der wir denselben Anspruch wiederfinden wie im dem *Auto-Erotismus* zugeschriebenen Vorrang.

Die Klarheit der Diskussion sollte erreichen, dass man von dem »Trieb des Todes« nur als vom »*Trieb des eigenen Todes*« spricht.

b) Der Todestrieb ist bei Freud eng verbunden mit dem Begriff des Null-Prinzips oder des Nirwana-Prinzips (Rückkehr auf dem kürzesten Wege zur Abwesenheit jeglicher Erregung) und mit dem Wiederholungszwang, dessen beharrlicher Druck sowohl in der Klinik als auch in der Kur immer offensichtlicher wird. (Schicksalsneurose – Wiederholung in der Übertragung – Neigung zur unendlichen Analyse, Scheitern des Paradigmas der Aufhebung der kindlichen Amnesie usw.). Kurz, das »Unerwünschte«, das »Dämonische«, das, was man weder beherrschen noch binden kann, kehrt in *Jenseits des Lustprinzips* mit Macht zurück.

c) Die Existenz eines Todestriebes auf der tiefsten Ebene des unbewussten Es ist Freud niemals als unvereinbar erschienen mit jenen, von ihm immer wieder bekräftigten anderen Thesen: dem Fehlen der Verneinung, des Widerspruchs und der Idee des Todes im Unbewussten.

2.5 Wenn man diese verschiedenen Bemerkungen »arbeiten« lässt, zwingen sie zu einer Deutung des Freud'schen Denkens in zwei Richtungen:

- *eine diachronische Deutung,* um sich die Frage zu stellen, ob nicht mit dem Todestrieb eine seit den Anfängen der analytischen Erfahrung gegenwärtige Dimension machtvoller und klarer als je zuvor behauptet wird;
- *eine epistemologische Deutung,* die auf die Bedeutung des biologischen, metabiologischen, ja sogar metakosmologischen Modells abzielt, das wir in den *Spekulationen* von *Jenseits des Lustprinzips* am Werke sehen.

Eine gewisse Anzahl der Freud'schen Ausführungen sind, falls man sie wörtlich nimmt, unhaltbar: – eine lange Diskussion der Experimente über die Unsterblichkeit der Zellen, in der Freud auf das Gegenteil dessen schließt, was diese Experimente zeigen; – in der Entwicklung des Universums ein sogenannter Vorrang eines Zustandes des Todes oder der energetischen Gleichförmigkeit, im Verhältnis zu einem Zustand hoher Potentialunterschiede; – ein mechanistisches Schema des Organismus, aufgefasst als Reflex-Apparat, der zur *totalen* Abfuhr der Energie tendiert, anstatt der Homöostase Rechnung zu tragen usw. Alle diese Absurditäten sind vielleicht Zeichen dafür, dass der im »Todestrieb« gemeinte *Tod* nicht der Tod des Organismus ist, sondern der Tod jenes »Organismus«, der beim Menschen die Interessen des biologischen Organismus vertritt, d. h. des *Ichs.*

3. Allgemeine Theorie des Triebes als Sexualtrieb

3.1 Die Notwendigkeit des Triebbegriffes in der Psychoanalyse war und bleibt umstritten. Diese Angriffe rühren seit Politzer von zwei Einflüssen her, welche in Wirklichkeit miteinander verbunden sind.

- ein *epistemologischer* Einfluss (in der Linie, die den Hume'schen Empirismus mit der modernen »analytischen« Philosophie verbindet), der jeglichen Appell an abstrakte, hinter den Phänomenen angenommene Kräfte als metaphysisch, »mechanistisch« usw. zurückweist (vgl. D. Widlöcher);
- ein *personalistischer* Einfluss, der vorgibt, den psychologischen Phänomenen ihre Formulierung in der »ersten Person« zurückzuerstatten (von der »konkreten Psychologie« eines Politzer bis zur »action language« eines R. Schäfer).

Diese doppelte Kritik scheint uns der psychoanalytischen Erfahrung zu widersprechen, die gerade zeigt, dass in Bezug auf die Aktion des Unbewussten-Es Formulierungen wie »Kräfte, die uns treiben« oder die der »3. Person« am besten geeignet sind. Es sind die Existenz und der Drang des Es, es ist unsere Passivität diesem gegenüber, welche die Bedingungen des psychoanalytischen Aktes bestimmen und dessen Grenzen festlegen. Die Wiederaneignung der Triebkraft »in der ersten Person« kann bestenfalls nur ein »unendliches« Ziel der Kur sein: Zu glauben, dass man dieses Ziel erreicht, indem man ein Theoretisieren vorschlägt, das unsere Passivität gegenüber dem Trieb-Drang verleugnet, bedeutet, dass man das magische Denken an die Stelle des langsamen psychoanalytischen Durcharbeitens stellt.

3.2 *Die Passivität gegenüber dem Trieb bringt nicht zwingend eine biologisierende Auffassung des Triebes mit sich.* Der Ausdruck »Grenz-Begriff« zwischen dem Biologischen und dem Psychischen ist ein verworrener Ausdruck, der sich auf den klassischen und bestreitbaren Dualismus des »Psychischen« und des »Somatischen« beruft.

Dass der Trieb an einer Grenze entsteht, an der Nahtlinie zwischen der Selbsterhaltung und dem Sexuellen, bedeutet nicht, dass er selbst ein Grenz-Wesen ist.

Dass das Biologische, die Selbsterhaltung, in mehrfacher Hinsicht im Triebkonflikt *vertreten* ist, bedeutet nicht zwingend, dass der Trieb eine biologische Kraft ist und nicht einmal, dass das Somatische an das Psychische eine »Arbeitsanforderung« stellt.

Falls es eine »Arbeitsanforderung« gibt, so fassen wir sie auf als diejenige, die vom Es – einem wahrhaft »inneren Fremdkörper« (oder einem Ensemble von inneren Fremdkörpern) – ausgeht, und die an den Organismus des Ich, das »vor allem ein Körper-Ich ist und bleibt«, gestellt wird.

(Diese Formulierungen machen natürlich eine Neueinschätzung des Schicksals des Biologischen und dessen *Metabolisierungen* sowohl beim Menschen als auch im psychoanalytischen Denken notwendig.)

3.3 Der Begriff eines primären und *nicht-verdrängten* Es oder Unbewussten scheint uns an eine falsche Einschätzung des Platzes des Biologischen in der Psychoanalyse gebunden zu sein.

Die Hypothese eines nicht verdrängten, als absolut erstes aufgefasstes Es (»alles, was bewußt ist, war zuerst unbewußt«) führt zu allen Aporien des Versuchs, die menschliche Welt ausgehend von einer zunächst in sich geschlossenen Monade, die, man weiß nicht wie, sich der Welt und dem In-der-Welt-Sein öffnen müsste, zu rekonstruieren. Die Hypothese eines nicht-verdrängten Es setzt die Möglichkeit psychischer, vererbter Spuren von archaischen Erfahrungen voraus: Eine Lamarck'sche Ansicht, die in einem merkwürdigen Kontrast sowohl zum Freud'schen Darwinismus als auch zum gegenwärtigen Triumph des Neo-Darwinismus steht.

Zusammenfassend lässt sich daraus schließen, dass das ursprüngliche Unbewusste durch die Aktion der Urverdrängung gebildet wird. Sobald das Unbewusste durch die Verdrängung gebildet ist, ist es allerdings ein Es, und es wird wohl auch zu einer Natur, zu einer zweiten Natur, die »uns wirkt«.

3.4 Klassischerweise unterscheidet man im Freud'schen Denken zwischen zwei Theorien (Sexualität/Selbsterhaltung – Lebenstriebe/Todestriebe). Unsere Deutung ist folgende: Diese Theorien ersetzen nicht einander, sondern ergänzen einander, wobei die zweite die erste verändert und ausgewogener macht. In diesem Sinne messen wir der Zwischenzeit (*Zur Einführung des Narzißmus*), die es erlaubt zu begreifen, um welche Achse sich die Entwicklung dreht, eine große Bedeutung zu (vgl. 4). Das von uns vorgeschlagene Schema wäre das folgende:

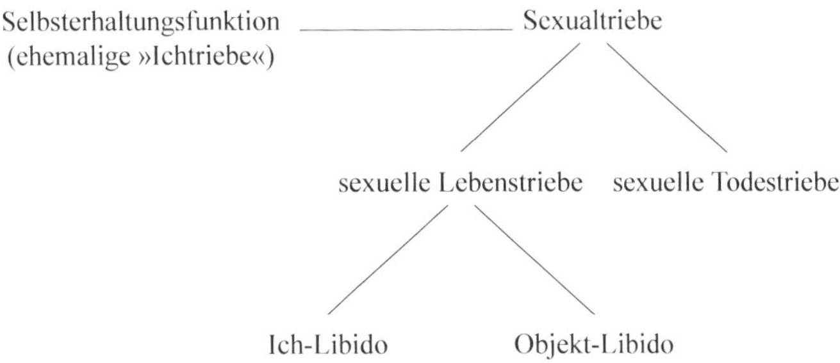

3.5 Wir stellen die Selbsterhaltung, die unter der Führung der großen *Funktionen,* die die Homöostase des Organismus anstreben, steht, der Sexualität gegenüber, für die allein die in *Trieb- und Triebschicksale* vorgeschlagene Beschreibung voll gilt. Von der Selbsterhaltung wollen wir nur einige kennzeichnende Eigenschaften andeuten.

- Die Selbsterhaltung ist zuerst. Sie erklärt die von Anfang an bestehende wahrnehmende und motorische Öffnung des Organismus seiner Umwelt gegenüber.
- Die Selbsterhaltung beim Menschen versagt teilweise (»Frühreife«), die modernen Forschungen (Brazelton) zeigen jedoch, wie sehr die anpassende Öffnung dem Objekt gegenüber unterschätzt worden ist.
- Die Selbsterhaltung nimmt nicht am psychischen Konflikt teil. Sie ist nicht verdrängt. Sie ist im psychischen Konflikt durch das Ich (dessen Energie eine Libidoenergie ist) *vertreten.*

3.6 Der Trieb ist, im weiten Sinne definiert (vgl. weiter unten), Sexualtrieb. Nur die Sexualität ist Gegenstand der Verdrängung, und zwar aus von Freud oft angegebenen Gründen, deren wesentlicher sich im Niveauunterschied zwischen der sexuellen Erwachsenenwelt, die ihre Botschaften dem Kind zukommen lässt, und den Bindungs- und Symbolisierungsfähigkeiten des kindlichen Ichs zusammenfassen lässt.

3.7 Die Bewegung, die den Sexualtrieb begründet, ist keine andere als jene, die den psychischen Apparat differenziert: Es ist die Urverdrängung. Der Ausgangspunkt der Bewegung ist die »Urverführung«, welche nicht aufgefasst werden darf als besondere sexuelle Umtriebe vonseiten des Erwachsenen, sondern als die Tatsache, dass das unreife Kind mit Botschaften, die mit Sinn und Begierde beladen sind, konfrontiert ist, deren Schlüssel es jedoch nicht besitzt (die »rätselhaften Signifikanten«). Die Anstrengung, um das Trauma zu binden, das die Verführung begleitet, führt letztlich zur Verdrängung jener ersten Signifikanten und deren metonymischen Ableitungen. Diese unbewussten Objekte oder unbewussten Sach-Vorstellungen begründen die Quelle des Triebes (Quell-Objekte).

4. Der Todestrieb im Bereich des Sexualtriebes

Zahlreiche Argumente können vorgelegt werden, um den Einschluss des Todestriebes in die Sexualtriebe zu rechtfertigen.

4.1 Die *Erscheinung* des Todestriebes im Freud'schen Denken (1919) und die mit ihr verbundenen *strukturellen Umgestaltungen* verdienen es, gedeutet zu werden. Die Idee, dass es sich um eine neue »Entdeckung« handle, die sich kumulativ der Entdeckung der Sexualität hinzufüge, kann nicht aufrechterhalten werden. Der Begriff des Todestriebes wird übrigens eingangs und dann während einer langen Zeit als spekulatives *Erfordernis* vorgeschlagen (oder, von zahlreichen Schülern, zurückgewiesen).

Die historische Bewegung, die zur zweiten Triebtheorie führt, ist eine komplexe Entwicklung, voll von Vertiefungen, Wiederaufnahmen und Entdeckungen, die nicht dort ihren Platz einnehmen, wo man es glauben würde.

Wir wollen die Entwicklung der Triebtheorie wie in einem Comic-Strip oder einem Film aufzeichnen:

Für die erste Zeit gehen wir von einem Primat der Sexualität aus, vor allem in den Jahren um 1915, mit den Texten über das Unbewusste und die Verdrängung. Einzig und allein die Sexualität hat das Recht, sich Trieb zu nennen; der einzige Inhalt des Unbewussten ist die Sexualität. Und dann die zweite Zeit, die wohl eine Zeit der *Entdeckung* ist. Aber das, was entdeckt und was in den Vordergrund geschoben wird, ist nicht der Todestrieb, sondern im Gegenteil die Sexualität, die ein Objekt oder das Ich besitzt, das heißt die objektbezogene Sexualität, die Liebe zum Objekt und die Liebe zum Ich. Diese Erforschung des Ich als Objekt der Liebe ist absolut neu, wie auch die Idee, dass die äußeren Objekte ein Abglanz des Ichs sind oder mit jener ersten Besetzung des Ich in Verbindung stehen, da wir ja den anderen entweder unserem eigenen Abbild gemäß oder dank einem Liebespotential lieben, welches zuallererst das Potential ist, das bewirkt, dass wir uns selbst lieben. Die Sexualität neigt zu dieser Zeit dazu, in jenem Aspekt der Liebe voll aufzugehen. Deshalb also die dritte Zeit, jene des »Wendepunktes« mit *Jenseits des Lustprinzips*; die Sexualität lief Gefahr, vollkommen in Beschlag genommen zu werden und man lief Gefahr, in der Sexualität nur mehr diesen befriedeten, ruhigen, besetzten und gebundenen Aspekt zu sehen; deshalb also im Jahre 1919 das Bedürfnis, etwas, was sich verloren hat, wiederaufzunehmen, das heißt die nicht-gebundene Sexualität, jene, die man im Sinne des Triebes »entbunden« nennen kann, das heißt die Sexualität, die ihr Objekt wechselt, die Sexualität, die nur ein Ziel hat, nämlich so schnell wie möglich zu ihrer Befriedigung und zur vollständigen

Senkung ihrer Lust, das heißt zur vollständigen Realisierung ihrer Lust auf dem kürzesten Wege zu eilen; in diesem Moment also die Notwendigkeit, etwas wiederaufzunehmen, was in der Sexualität wesentlich war und das verloren worden war, ihr dämonischer, dem Primärprozess und dem Wiederholungszwang unterworfener Aspekt. Davon ausgehend befindet sich die Sexualität (ihr anfänglicher Inhalt) wie auseinandergerissen zwischen diesen beiden Aspekten, die schließlich von Freud unter den Bezeichnungen »Lebenstriebe« oder »Eros« und »Todestriebe« neu gegliedert werden. Wobei Eros nicht die Gesamtheit der Sexualität übernimmt, sondern jene Aspekte der Sexualität, die danach streben, sowohl das Objekt als auch das Ich als primäres Objekt zu bewahren.

4.2 Die Beziehung der Lebens- und Todestriebe zu den Funktions-»Prinzipien« des psychischen Apparates würde umfangreiche Erklärungen verdienen (vgl. *Vokabular der Psychoanalyse*, Artikel: »Konstanzprinzip«; »Lustprinzip«; »Nirwanaprinzip«; »Trägheitsprinzip«).

Man kann, schematisch ausgedrückt, sagen, dass das Lustprinzip von vornherein in zwei widersprüchliche Tendenzen auseinandergerissen ist: das Trägheits- oder Nullprinzip (das spätere Nirwanaprinzip) und das Konstanzprinzip (das die Homöostase des Organismus und seines Vertreters, des Ich, regelt).

Wenn auch diese beiden Aspekte nach *Jenseits des Lustprinzips* besser entflochten sind, so landet man nichtsdestoweniger bei entgegengesetzten Formulierungen, je nachdem, ob das Lustprinzip in Richtung Null oder in Richtung Konstanz gezogen wird.

Wenn das »Lustprinzip« die absolute Herabsetzung der Spannungen bedeutet, so wird von ihm gesagt, dass es »im Dienste des Todestriebes steht«.

Wenn die Tendenz zur absoluten Null als »Nirwanaprinzip« bezeichnet wird, so wird das Lustprinzip davon unterschieden, und es deckt sich mit dem Konstanzprinzip: Es vertritt hier die Anforderung der Lebenstriebe in ihrer Tendenz zur Homöostase und zur Synthese.

4.3 Vom »energetischen« Gesichtspunkt aus gesehen, hat sich Freud stets geweigert, eine »destrudo«, d. h. eine den Todestrieben eigene Energie anzunehmen (das Ich und das Es). Der Triebdualismus sollte also mit einem energetischen Monismus, jenem der Libido, versöhnt werden.

4.4 Die Situation des Todestriebes im Verhältnis zum Es und zur Urverdrängung führt unserer Meinung nach zwingend zu miteinander unvereinbaren Optionen. Freud hält, wie wir gesehen haben, bis zum Ende auf seine Argumente gestützt die Idee aufrecht, dass die Verdrängung bevorzugt auf die Sexualität angewendet wird. Die Situation des Todestriebes in der tiefsten Tiefe des Ich ist unleugbar. *Entweder* muss von hier ab eine doppelte biologisierende Fiktion aufrechterhalten werden: das dem Körper gegenüber »offene« Es und der Todestrieb als biologische Tendenz zum Unbelebten. *Oder* man muss anerkennen, dass die Urverdrängung den Todesstrieb zum Entstehen bringt und ihn im Kern des Es ansiedelt, als Kern des Sexualtriebes.

4.5 Gewisse verwirrende Verbindungen oder Vereinigungen führen ferner dazu, den Todestrieb als eine Vertiefung und nicht als eine Neuheit aufzufassen.

Bei Freud kennzeichnet die Priorität der Zeit »auto«-(*selbst*) über eine Zeitspanne von 15 Jahren auf dieselbe Weise das erste Stadium des Sexualtriebes (das autoerotische) und das erste Stadium des Todestriebes (Trieb zum eigenen Tod).

Zwischen Freud und Melanie Klein. Man kann nur höchst beeindruckt davon sein, dass Klein 30 Jahre nach Freud an demselben Punkt der Entwicklung, wo Freud die Entstehung der Sexualität ansiedelte, die Erscheinung des »*sadism at its peak*« entdeckt. Bei dem einen wie bei dem anderen dieser Autoren ist diese Entdeckung übrigens nicht das Resultat bloßer Beobachtung: Im Gegenteil, man muss über die naive Beobachtung hinausgehen und vor allem deuten und, rückwirkend, von den späteren Stadien ausgehend, rekonstruieren.

Ist es nicht denkbar, dass Klein und Freud an derselben Stelle das sehen oder rekonstruieren, was man den inneren Angriff des Triebes oder den »Hass des Es« auf das Ich nennen kann?

4.6 Kleins Werk kann als der grundsätzlichste und grundlegendste klinische Beitrag zur Theorie des Todestriebes betrachtet werden. Unter der Bedingung jedenfalls, dass man die Klein'sche Theorie nicht der Abgeschiedenheit ihrer Begriffe überlässt, indem man sie entweder als zusätzliches Stockwerk ein und desselben psychoanalytischen Bauwerks oder als ein alleinstehendes Gebäude betrachtet, das neben dem Freud'schen steht.

Eine der Hauptschwierigkeiten der Klein'schen Auffassung des kindlichen Sadismus liegt in deren Vereinbarkeit mit der Freud'schen These des ursprünglichen Masochismus, dessen, was wir den ursprünglichen »auto«-(*selbst*) Aspekt des Todestriebes nennen.

Es scheint, dass zwei theoretische Schemata vorgeschlagen werden:

– Das Schema der Projektion des Sadismus auf die Objekte, gefolgt von der Introjektion dieser Objekte, die zu inneren angreifenden Objekten geworden sind. Ein solches Schema, wenn es das erste wäre, würde voraussetzen, dass die Zerstörung (und nicht die Selbstzerstörung) an erster Stelle steht, wenn sie sich auch konkret nur ausdrückt, indem sie Objekte in der Außenwelt findet.

  Ich hasse die Brust – Die Brust ist böse – Die böse Brust ist in mir.

– Das im Jahre 1943 und in Übereinstimmung mit der Freud'schen Theorie übernommene Schema der *Ablenkung* des Todestriebes:

  Um nicht mich selbst zu zerstören – Ich hasse die Brust.

Der Brechung selbst kann die Bewegung: Projektion – Introjektion folgen. Klein scheint indessen mit gutem Recht über den Sinn, der dem ersten Hang zur Selbstzerstörung zu geben ist, unschlüssig zu sein. Handelt es sich um einen Todestrieb ohne Phantasie, eine stagnierende und blinde Selbstzerstörung, oder ist es bereits ein Angriff durch innere Objekte? (vgl. Klein, 1948, *Über die Angst und das Schuldgefühl*: »[...] diese Furcht vor [wilden Tieren] drückte sein Gefühl aus, *von seiner eigenen Zerstörungskraft [wie auch von seinen eigenen inneren Verfolgern]* bedroht zu sein.«)

Unsere Auffassung wäre, dass der stagnierende Todestrieb, ohne Vorstellung, nur das Relikt einer irrigen, biologischen Auffassung ist. Der Todestrieb kann nur der innere Angriff durch Objekte sein, die auf das Ich zugleich anregend und gefährlich wirken. Aber die Bildung dieser Quell-Objekte (innere Angreifer) ist selbst das Ergebnis eines introjektiven Primärprozesses, dessen Ursprung in dem liegt, was wir die Ursituation der Verführung nennen (vgl. 3.7).

4.7 Der Beitrag Kleins müsste auch in Bezug auf die Gegensätze *partial – total*, *paranoid – depressiv* und *böse – gut* neu eingeschätzt werden. (Klein macht dies übrigens zum Teil, insbesondere im zitierten Artikel aus dem Jahre 1948.) »Paranoid« und »depressiv« müssen aufeinander bezogen werden. Andererseits kann der Gegensatz zwischen dem »Partialen« und dem »Totalen« nicht genetisch und konstruktivistisch auf der Basis einer sogenannten Wahrnehmungsreife als Beziehung von Körperteilen zu einem endlich als total wahrgenommenen Körper aufgefasst werden. Das »Partiale« ist böse, weil es einen abgespaltenen Aspekt darstellt, einen angreifenden Rest des Objekts (selbst wenn dieses eine »totale Person« ist). Das »Totale« ist synthetisch und beruhigend, dem Ich gemäß, selbst wenn es sich um einen Teil des Körpers, wie z. B. die »gute« Brust, handelt.

4.8 Ebenso wenig wie das Partiale und das Totale oder das Böse und das Gute sind auch die Todestriebe nicht »symmetrisch«. Man kann sie einander unter dem Gesichtspunkt ihres energetischen Funktionierens, ihrer Ziele, ihrer Beziehungen zum Ich und schließlich ihrer Quell-Objekte entgegensetzen. *Die sexuellen Lebenstriebe* funktionieren gemäß dem Prinzip der gebundenen Energie (Konstanzprinzip); ihr Ziel ist die Synthese, die Aufrechterhaltung oder die Bildung von Einheiten und Zusammenhängen; sie sind dem Ich gemäß; ihr Quell-Objekt ist ein regulierendes, »totales« Objekt. *Die sexuellen Todestriebe* funktionieren gemäß dem Prinzip der freien Energie (Prinzip der Nullspannung); ihr Ziel ist die totale Triebabfuhr auf Kosten des (vernichteten) Objekts; sie sind feindlich gegenüber dem Ich, das sie aus dem Gleichgewicht zu bringen suchen; ihr Quell-Objekt ist ein abgespaltener einseitiger Aspekt, ein Objekt-Anzeichen.

4.9 Diese Gegensätze verstehen sich jedoch nur auf der Grundlage einer gemeinsamen Libidoenergie. Dies bringt zwingend mit sich, dass es zwischen dem freien Primärprozess und dem sekundären, gebundenen Prozess Zwischenformen und mögliche Übergänge gibt. Aber eine grundsätzliche Asymmetrie besteht weiter, da der Lebenstrieb die Mischung zwischen sich selbst und dem Prinzip der »Entmischung« und der Todestrieb die »Entmischung« sowohl seiner Vermischung mit dem Lebenstrieb als auch des Lebenstriebes selbst anstrebt.

5. Einige Bemerkungen

5.1 Eine Theorie der Aggressivität müsste unbedingt mehrdimensional sein, indem sie mindestens drei Faktoren berücksichtigt:

- das »Stück Aktivität«, das jeder Aktion, sei es selbsterhaltend oder sexual, innewohnt;
- die Ablenkung des Todestriebes auf die äußere Welt (Sadismus);
- die aggressiven Komponenten der okularen Beziehung.

5.2 Das Fehlen der »Idee des Todes« im Es (wie das Fehlen jeder Idee, die das Negative in sich schließt, z. B. die Kastration, d. h. letztlich das Fehlen jeder »Idee von […]«) ist nicht mit der Todesangst im Ich unvereinbar. Diese Angst ist die Wahrnehmung der Gefahr, die von der inneren Arbeit des Todestriebes herrührt.

5.3 Auf der Ebene des Ich kann der psychische Tod mindestens zwei Aspekte annehmen:

1. Die Zerstörung des Ich durch die Überwältigung, das Eindringen, das Gleichmachen, das durch den nicht-gebundenen, sexuellen Trieb eingeführt wird.

2. »Das Vermeiden von Spannungen« (D. Lagache) durch das narzisstische Ich; es handelt sich um das Aufrechterhalten der Homöostase um jeden Preis, mit dem Ziel, sich nicht nur jegliche Überlastung, sondern auch jeglichen Libido-Erguss zu ersparen: Ablehnung neuer Möglichkeiten beim Zwangsneurotiker oder beim Oknophilen; Asketik, Stoizismus oder Epiku-

reismus. Das ist das, so scheint mir, worauf A. Green mit der Bezeichnung »Narzißmus des Todes« anspielt.

Das Paradox des Begriffes »Nirwanaprinzip« liegt zweifellos darin, dass er zwei schwer auf eine Einheit reduzierbare Aspekte bezeichnen kann: einerseits die rasende, schizo-paranoide Wut des Todestriebes, der das Ich angreift, und andererseits die imaginäre Auflösung der Lust in der Ataraxie, der wahrhaften Mimesis des Todes, die aber dem *Konstanz*prinzip konform ist.

Gewiss ist der erste Aspekt der ökonomischen Bedeutung des Trägheitsprinzipes angemessener, während der zweite Aspekt mehr mit der philosophisch-religiösen Bedeutung des Nirwanas in Einklang steht.

Das Nirwanaprinzip des Triebes und das Nirwanaprinzip des Ich sind also nicht identisch, selbst wenn auf einem Teil der Strecke die Prozesse, die zu ihm führen, sich zu überschneiden scheinen.

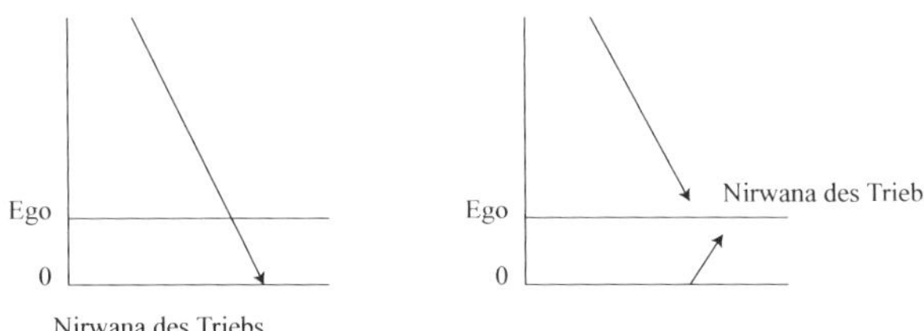

Der Trieb kennt nur eine Art und Weise, die 0-Ebene zu erreichen: die vollständige Abfuhr. Das Ich hat vier oder sechs Mittel, um die Homöostase aufrechtzuerhalten: eine mäßige Abfuhr oder einen mäßigen Spannungszuwachs zu akzeptieren – eine übermäßige Abfuhr oder Spannung zu vermeiden – die Abfuhr und die Spannung, selbst wenn sie gemäßigt sind, zu vermeiden.

Die zwei letzteren Möglichkeiten würden dem buddhistischen Nirwana entsprechen, welches von der schizophrenen Verheerung ebenso sehr unterschieden ist wie die Stille des Lamaklosters von jener Hiroshimas.

5.4 Man kann behaupten, dass die Furcht vor der Kastration die – kulturell normative – Art und Weise ist, in der die Angst gebunden wird. Wie steht es mit der Furcht vor dem Sterben, im Sinne der Beziehung des Individuums zum Ereignis seines biologischen und psychischen Todes?

Ist die Furcht vor dem Sterben, da sie wie jeder Affekt ihren Sitz im Ich hat, nur eine Bearbeitung der namenlosesten Angst, inneren Ursprungs, dank der einzig möglichen *Vorstellung*: jener einer Gefahr für das Leben? Wobei die Todesangst* auf diese Weise in einer Lebensgefahr* gebunden wird?

Von der eingeschränkten zur allgemeinen Verführungstheorie

Wir sehen uns verpflichtet, zu behaupten, dass – zwischen dem Jahre 1897 und dem doppelten Datum der Jahre 1964 und 1967 – mit der Verführungstheorie eine wesentliche Grundlage der Psychoanalyse verdeckt worden ist. Unsere Absicht in diesem Artikel ist keine grundsätzlich historische, selbst wenn wir gezwungen sind, die Geschichte mit kurzen Kommentaren zu begleiten.[1] Es geht darum, die tiefen Gründe des Verdeckens aufzuzeigen und darauf hinzuweisen, wie es überwunden werden kann und wie von Neuem, aber dieses Mal radikal, das gegründet werden kann, was Freud schon weitgehend entworfen hatte, bevor er es ausgelöscht hat.

Freud verheimlicht sich nicht das genial bahnbrechende Merkmal dieser Entdeckung: »Ich halte dies für eine wichtige Enthüllung, für die Auffindung eines *caput Nili* der Neuropathologie.«[2]

Es handelt sich um das Aufzeigen der Beziehungen zwischen einer tatsächlichen Realität, welche sich in konkreten Tatsachen äußert – die »Verführung« –, und um eine sehr weitreichende Theorie, da sie ja ausdrücklich der gesamten Psychopathologie Rechnung tragen will und da ja das, was da stillschweigend – über den Begriff der Verdrängung – in Aussicht gestellt wird, die Entstehung des menschlichen Subjekts ist, des Subjekts insofern, als es ein Unbewusstes und eine Sexualität (im Freud'schen Sinne dieses Ausdrucks) hat.

---

1 Wir überlassen es anderen, in allen Einzelfällen diese »Geschichte der Freud'schen Verführungstheorie« zu schreiben, welche zurzeit schmerzlich fehlt. Die Unterlagen sind von nun an, mit dem in extenso veröffentlichten Briefwechsel zwischen Freud und Fließ, vollständig. Seit vielen Jahren standen jedoch die grundsätzlichen Texte Freuds schon zur Verfügung jener, die sich dafür interessieren wollten: die Manuskripte der *Aus den Anfängen der Psychoanalyse*, *Entwurf einer wissenschaftlichen Psychologie*, *Neue Bemerkungen zu den Abwehr-Psychoneurosen*, *Die Ätiologie der Hysterie* usw.

2 S. Freud: Zur Ätiologie der Hysterie. *GW I*, S. 439.

Diese zwei Elemente, die tatsächliche Realität einer Verführung und die Theorie der Verführung, werden unser Thema vom Anfang bis zum Ende durchziehen. Betrachten wir nun, wie sie sich vor 1897 einander zuordnen lassen.

Ich bezeichne die Tatsachen, wie sie Freud zu jener Zeit ermittelt, als *infantile Verführung.* Sie vergegenständlichen sich in »Szenen«, die, dank der analytischen Methode, wiedergefunden, rekonstruiert, wiedererinnert werden können. Freud jedoch versagt es sich nicht, diese intra-analytische Wiedererinnerung mit den aus der Umgebung gezogenen Informationen zu vergleichen und manchmal sogar eine richtige Ermittlung durchzuführen. Alle Freud'schen Schriften aus jener Zeit sind voll von Beispielen jener »Erlebnisse von vorzeitiger sexueller Erfahrung«[3], in denen ein mehr oder weniger junges Kind passiv der Äußerung, dem Einbruch der erwachsenen Sexualität ausgesetzt ist. Greifen wir noch einmal kurz deren Elemente auf. Das Kind, von dem die Rede ist, befindet sich stets, in Bezug auf die Erfahrung, der es *ausgesetzt ist,* in einem Zustand der Unreife, der Unfähigkeit, der Unzulänglichkeit. Die mitgeteilten Erinnerungen, sagt uns Freud, können bis ins zweite Lebensjahr[4] zurückreichen, aber das Problem ist nicht nur chronologischer Art: Genauso wie in der traumatischen Neurose des Erwachsenen der Zustand des (vorübergehenden und zufälligen) Unvorbereitetseins für das Eintreten des Traumas notwendig ist, genauso soll sich das kleine Kind (dieses jedoch aufgrund seiner Natur) in einem Zustand des seinem Wesen innewohnenden Unvorbereitet-Seins befinden, ausweglos, hilflos im Verhältnis zur »Willkür« des vom Erwachsenen verübten sexuellen Attentats: »[…], daß ein gewisser *infantiler* Zustand der psychischen Funktionen wie des Sexualsystems erforderlich ist, damit eine in diese Periode fallende sexuelle Erfahrung später als Erinnerung pathogene Wirkung entfalte.«[5] Die Unreife, »das den Kindern innewohnende sexuelle Unvermögen«, wird also von Freud in Bezug auf eine Art von Entwicklungsskala, welche aus verschiedenen Etappen oder Ebenen besteht, eingeschätzt; die

---

3 ebd.

4 a. a. O., S. 449.

5 a. a. O., S. 449f.

Ebenen der somatischen Reaktion, die Ebenen der affektiven Resonanz, jene des psychischen Auffassungsvermögens, das alles ist nur ein und dasselbe. Das Kind kann entweder das, was ihm zustößt, angemessen in seine psychisch-somatisch-affektive Totalität integrieren, oder es kann dies nicht. Natürlich hat die Etappe des pubertären Reifeprozesses hier die Funktion der wichtigsten Zeitschwelle, aber sie ist auch das Modell anderer, frühzeitigerer Schranken, anderer Niveauänderungen, welche bereits den Begriff der Stadien ankündigen. Das Wesentliche besteht darin, dass sich das Kind, in einer ersten Zeit des Traumas, in einem »vorher« befindet, in einem »prä-«[6], welches es von dem, was die zweite Zeit ausmachen wird, trennt.

Der obligatorische Partner der Verführung ist der Erwachsene. Gewiss findet die Anamnese sexuelle Szenen zwischen Jugendlichen oder zwischen Kindern ungefähr desselben Alters wieder, aber sie geht regelmäßig auf archaische Szenen zurück, in denen eines der beiden Kinder (manchmal beide) der Ansteckung[7] durch den Erwachsenen ausgesetzt sind: »Wo sich das Verhältnis zwischen zwei Kindern abspielt, bleibt der Charakter der Sexualszenen doch der nämliche abstoßende, da ja jedes Kinderverhältnis eine vorausgegangene Verführung des einen Kindes durch einen Erwachsenen *postuliert.*«[8] Der von Freud – und seinen Patienten – beschuldigte Erwachsene ist jedoch kein x-beliebiger. Es ist ein »perverser« Erwachsener, und zwar in dem doppelten Sinn, dem später die *Drei Abhandlungen* zu Ansehen verhelfen werden: abwegig in Bezug auf das Objekt, da er pädophil oder blutschänderisch ist, abwegig in Bezug auf das Ziel, denn: »Von Personen, die kein Bedenken tragen, ihre sexuellen Bedürfnisse an Kindern zu befriedigen, kann man nicht erwarten, dass sie an Nuancen in der Weise dieser Befriedigung Anstoß nehmen […].«[9] Der Abschnitt, aus dem dieses

6 Freud sagt »präsexuell«. Aber dieser Ausdruck muss in einer doppelten Bedeutung aufgefasst werden:
– absolut: vor dem Einbruch der Sexualität
– relativ: im Verhältnis zu einer früheren Etappe der kindlichen Sexualität.

7 Der Vergleich mit der Übertragung einer ansteckenden Krankheit ist offen ausgedrückt. S. Freud: Zur Ätiologie der Hysterie. *GW I*, S. 445.

8 a.a.O., S. 452 (Hervorhebung von uns).

9 ebd.

Zitat stammt, beschreibt in einer Art und Weise, welche selbst ein Nabokov nicht verleugnen würde, den zugleich »grotesken«, »abstoßenden«, »unangebrachten« und »tragischen« Charakter der sexuellen Beziehungen eines »schlecht zueinander passenden Paares«. Bis zur globalen Verleugnung seiner Theorie wird Freud nicht von dem perversen Charakter des »Vaters der Hysterischen« loslassen.

Der pathologische Aspekt der beanstandeten Szenen wird nicht ohne Wirkung auf die Ausweglosigkeit bleiben, in welche anschließend die Diskussion geraten wird. Entweder wird dieser ganze teratologische Plunder als »Phantasie«[10] über Bord geworfen – in Bausch und Bogen und ohne Überprüfung – oder er wird, viel später, ausgegraben und als wissentlich anti-psychoanalytische Kriegsmaschine eingesetzt. Eine doppelte Sackgasse, welche verhindern wird, dass die Frage an dem Punkt, an dem Freud sie gelassen hat, wiederaufgenommen wird, und zwar dank der Ausführungen, die uns die *Drei Abhandlungen* gebracht haben: So unleugbar auch die klinische Perversion zahlreicher Erwachsener in ihren Beziehungen zum Kind ist, so muss doch diese Psychopathologie relativiert und neu eingeschätzt werden, und zwar vor dem Hintergrund dessen, was wir über die Irrwege der menschlichen Sexualität im Allgemeinen, über die Unsicherheit und Austauschbarkeit ihrer Ziele und über die Fremdheit und Unerreichbarkeit ihres »verlorenen« Objekts usw. wissen.

»Ein oder mehrere Ereignisse« sagt uns Freud; aber konkret bringen alle seine klinischen Beispiele *mehrere* Szenen in Beziehung oder in Perspektive zueinander, Szenen, die einander zeitlich folgen, aber die, vor allem, eine im Verhältnis zur anderen »symbolisieren«. Bereits in der Gesamtgestaltung kann man jene Resonanz von einem Szenarium zum anderen aufzeigen. Man muss jedoch über die globale Analogie zwischen den Szenen hinausgehen; der Übergang, der Metabolismus von einer zur anderen vollzieht sich immer Element um Element: Das im »Entwurf der wissenschaftlichen Psychologie« gezeichnete Schema (der Fall Emma)[11] ist und bleibt hier das

10 Nur wer schon hat, dem wird auch noch geliehen…

11 S. Freud (1950): *Aus den Anfängen der Psychoanalyse*. London: Imago Publishing Co., S. 431–435.

beweiskräftigste; es ist genau von derselben Art wie jenes, das den Traum mit seinen latenten Gedanken gegebenenfalls mit einer am Vortag erlebten Szene verbindet.

Hinter einer Szene zeichnet sich also eine andere ab, welche eine dritte vorausahnen lässt. Dieser Verweis von Szene zu Szene bis zu einer unwahrscheinlichen ersten, ursprünglichen Szene wird zum Zeitpunkt der Krise des Jahres 1897 entscheidend sein. Begnügen wir uns im Moment mit dem Vermerk der augenscheinlichen Aporie, die in dem Verweis auf ein erstes Ereignis liegt.

Das letzte, das wesentlichste Merkmal, da es die Verführung selbst definiert, ist: die Passivität des Kindes im Verhältnis zum Erwachsenen. Es ist der Erwachsene, der die Initiative ergreift, der sich mit Worten oder Gesten annähert: Die Verführung wird als »Aggression«, Einbruch, Eindringen, Gewalttätigkeit beschrieben. Diese globale Behauptung von der wesentlichen Passivität des Kindes in seiner Konfrontation mit der Sexualität der Erwachsenen muss jedoch nuanciert werden, und zwar gemäß der Verknüpfung und der Reihenfolge der sexuellen Szenen. Zuerst stellt Freud, wie wir wissen, der Hysterie, in der die Verführung und die Passivität von vornherein offensichtlich sein sollen, die Ätiologie der Zwangsneurose gegenüber, wo es sich nicht mehr »um sexuelle Passivität (handelt), sondern um mit Lust ausgeführte Aggressionen und mit Lust empfundene Teilnahme an sexuellen Akten, also um sexuelle Aktivität«. Aber der Gegensatz ist hier nur eine falsche Symmetrie; die kindliche Passivität und Aktivität nehmen nicht im gleichen Maße an dem Spiele teil: Die in der Kindheit des Zwangsneurotikers aufgefundene Aktivität hebt sich immer vor dem Hintergrund einer passiven Erfahrung ab: »Ich habe übrigens in allen meinen Fällen von Zwangsneurose einen *Untergrund von hysterischen Symptomen* gefunden, die sich auf eine der Lusthandlung vorhergehende Szene sexueller Passivität zurückführen ließen.«[12]

12 S. Freud: Weitere Bemerkungen über die Abwehr-Psychoneurosen. *GW I*, S. 385. Wir wissen, dass Freud auch später nicht von diesem hysterischen Untergrund in den Zwangsneurosen ablassen wird.

Gehen wir jedoch mehr ins Detail und über diesen Gegensatz zwischen Zwangsneurotiker und Hysterischem hinaus. Der Einwand liegt, in der Tat, auf der Hand: Kann man nicht in mehr als einer »Erinnerung«, in der das Subjekt vorgibt, passiv verführt worden zu sein, nachweisen, dass es im Verhältnis zur Geste des Erwachsenen eine aufreizende, induzierende Rolle gespielt hat? Wer verführt wen? Läuft die Frage nicht Gefahr, sich in den Winkelzügen der Aktionen oder Interaktionen – oder sogar symmetrisch sich spiegelnden Akten – zu verlieren? Auch hier ist das Freud'sche Denken sehr klar und deutlich, wie man es an dem Fall Emma[13] sieht: Die Provokation durch das Kind gehört zu den jüngsten der sich wiederholenden Szenen;[14] je weiter man in der Zeit zurückgeht, desto mehr herrscht die Passivität vor (in Verbindung mit dem zufälligen und *unerwarteten* Charakter), je weiter man in der Zeit vorwärtsgeht, desto mehr mischt sich die Aktivität des Individuums in die Szenen hinein.

Unsere Beschreibung der Szenen führt, wie man sieht, bereits zu dem, was man die *Verführungstheorie* nennt: Eine originale und komplexe Theorie, welche sich auf mindestens drei Ebenen – zeitlich, topisch und »übersetzerisch« – entwickelt. Es sind drei voneinander eng abhängige, einander ergänzende Ebenen, welche wir hier nur sehr kurz in Erinnerung rufen möchten.[15]

---

13 S. Freud: *Aus den Anfängen der Psychoanalyse*. op cit., S. 432f.

14 »Trotz der ersten Erfahrung ging sie ein zweites Mal hin. Nach dem zweiten Mal blieb sie aus. Sie machte sich nun Vorwürfe, daß sie zum zweiten Mal hingegangen, als ob sie damit das Attentat provozieren hätte wollen. Tatsächlich ist ein Zustand des ›drückenden bösen Gewissens‹ auf dieses Erlebnis zurückzuführen.« (ebd.) Wir haben hier, reziprok, im Verhältnis zum »hysterischen Substrat« jeder Zwangsneurose, eine Hysterie, die sich zur Zwangsneurose, Impuls-Phobie und Zwangsvorwürfen entwickelt.

15 Für ausführlichere Darlegungen verweisen wir auf:

- Fantasme originaire, fantasmes des origines, origines du fantasme. In Zusammenarbeit mit J.-B. Pontalis. *Les temps modernes*, April 1964, Nr. 215, S. 1133–1168; neue Ausgabe: Paris: Hachette 1985, S. 22–28.
- J. Laplanche, J.-B. Pontalis: *Das Vokabular der Psychoanalyse*. Artikel »Nachträglichkeit« und »Verführung«.
- J. Laplanche (1974): *Leben und Tod in der Psychoanalyse*. Freiburg, S. 53–69.

Der *zeitliche* Aspekt der Verführungstheorie ist – wir hoffen es zumindest – eine Errungenschaft der Psychoanalyse geblieben: Es ist die Theorie der sogenannten Nachträglichkeit oder auch des Traumas in zwei Zeiten. Sie fordert, dass sich im menschlichen Unbewussten nur das einschreibt, was zwei zeitlich voneinander getrennte Ereignisse in Beziehung bringt, und zwar getrennt durch ein Moment der Umwandlung, das dem Individuum erlaubt, auf die zweite anders als auf die erste Erfahrung zu reagieren. Die erste Zeit, jene des Entsetzens, setzt ein nicht vorbereitetes Individuum einer sexuell höchst bedeutsamen Handlung aus, deren Bedeutung jedoch nicht assimiliert werden kann. Die Erinnerung an sich – in Abwartestellung – ist weder pathogen noch traumatisch. Sie wird es nur durch ihre Wiederbelebung bei einer zweiten Szene, welche in assoziative Resonanz mit der ersten tritt. Aber aufgrund der neuen Reaktionsmöglichkeiten des Individuums ist es die Erinnerung selbst und nicht die neue Szene, welche als innere, »auto-(selbst)traumatische« Libido, als Energie-Quelle wirkt.

Diese »auto-(*selbst*)traumatische« Zeit findet ihre Lösung nicht in einer normalen Auflösung oder Verarbeitung, sondern in einer »pathologischen Abwehr« *oder* Verdrängung; und dies aus Gründen, die im *topischen* Aspekt des Prozesses, welcher eine wahrhafte Kriegsstrategie voraussetzt, liegen. Das Individuum, das übrigens im Verlaufe selbst dieses Vorgangs von seinem im Entstehen begriffenen Ich vertreten wird, ist das Opfer zweier Arten von Notlagen oder Hilflosigkeiten: Während des ersten, von außen kommenden Angriffs, hat es keine angemessenen Verteidigungsmittel, es hat nicht die *richtige Antwort* und kann, im besten Fall, den Feind festnageln. Zur zweiten Zeit hat es wohl die Mittel, aber sieht sich umgangen und auf seiner wehrlosen Seite, das heißt von innen her, angegriffen.

Eine geniale Theorie, welche sich über alle Dosierungen zwischen exogenen und endogenen Faktoren, die man später zu beschreiben versuchen wird, hinwegsetzt: Hier ist alles exogen und endogen. Aber diese Theorie könnte nur durch eine Weiterentwicklung der topischen Theorie wirklich untermauert werden, und zwar durch eine deutlichere, ausführlichere Erklärung der hier nur angedeuteten Theorie des Ich und seiner Peripherien.[16]

16 Vgl. insbesondere was das Ich und seine Hüllen, das Verhältnis zwischen Körper-Ich und

Schließlich entwickelt sich die Verführungstheorie neben diesen zeitlichen und topischen Gesichtspunkten auf einer (nicht linguistischen, sondern) *sprachlichen* Ebene, welche – wie Freud es immer tun wird – alle gegliederten Weisen der Verständigung in dem Begriff der Sprache mit einbegreift.[17] Ich beziehe mich hier vor allem auf den Brief an Fließ vom 6. Dezember 1896. Ich hatte mehrere Male die Gelegenheit[18], dieses Modell zu kommentieren, welches sowohl das Verhältnis zwischen den Szenen einer Umschrift oder einer Übersetzung gleichsetzt wie auch die Verdrängung einem (teilweisen) Versagen der Übersetzung – ein an der Bruchlinie, die zwei psychische Zeitabschnitte voneinander trennt, sich abspielender Prozess. Viele Punkte sind auch hier nur skizzenhaft angedeutet, insbesondere die Natur einer ersten Niederschrift eines »Wahrnehmungszeichens« im kleinen Kind.

Im Ganzen gesehen weist jene Freud'sche Theorie aus der Zeit vor 1897, die wir nunmehr als »eingeschränkte Verführungstheorie« bezeichnen werden, zugleich eine große Kraft und verschiedene Schwachstellen auf. Ihre Kraft liegt: 1. in der engen Verflechtung, die die Theorie mit den Fakten der analytischen Erfahrung verbindet; 2. in dem bereits rigorosen und nunmehr unüberwindbaren Einsatz jener drei Faktoren der analytischen Rationalität – die Zeitlichkeit der Nachträglichkeit, die subjektive Topik, die »übersetzerischen« und deutenden Verbindungen zwischen den Szenarien oder den Szenen; 3. in der erläuternden Kraft des Modells, welches weitgehend übertragbar und auf das Gebiet der Psychopathologie ausdehnbar ist; 4. in der Fähigkeit des Modells, weiterentwickelt zu werden: Das, was wir, so

dem Ich als Instanz usw. betrifft:

- *Leben und Tod in der Psychoanalyse*, S. 121–123.
- Das »Haut-Ich«: »Wir müssen also annehmen, dass es eine sehr frühe Identifizierung gibt, die wahrscheinlich in ihrer ersten Phase recht summarisch ist, eine Identifizierung mit der Gestalt eines Umgrenzten, eines Sacks: des Hautsacks.« (a. a. O., S. 121)
- *Problématique I: L'angoisse*. 2. Teil, besonders: S. 216–229.
- Eine Metapsychologie – von der Angst auf die Probe gestellt.

17 Das ist nach Saussure das von der Semiologie belegte Gebiet.

18 Vgl. *Problématique I: L'angoisse*, S. 163f.; Die psychoanalytische Situation: Der Psychoanalytiker und sein Bottich. *Psychanalyse à l'université*. 1980, 5, No. 19, S. 381–435 und No. 20, S. 561–612, vgl. S. 417–420; und vor allem: *Trauma, Übersetzung, Übertragung und andere Über(-Schwänglichkeiten)*.

nebenbei, als »skizzenhafte Andeutungen« kommender Ausführungen bezeichnet haben.

Die Schwachstellen hingegen befinden sich dort, wo eine *eingeschränkte* Theorie Gefahr läuft, in einer beschränkten Auffassung blockiert zu werden. Man kann mehrere dieser Schwachstellen ausmachen, und zwar gerade jene, die im Moment der »herzzerreißenden« Revision des 21. Septembers 1897 »in die Brüche gehen werden«. Seitens der »Szenen« ist es das Wesen des Phänomens der Verführung, welches nicht näher untersucht wird: Freuds Auffassung begnügt sich mit der offenkundigsten Ebene der Psychopathologie, das heißt mit einer ausschließlich klinischen Auffassung der Perversion in dem Verhältnis zwischen einem Erwachsenen und einem Kind. Die Ausführungen, welche die *Drei Abhandlungen* bringen werden, fehlen hier: Die klinische Psychopathologie der Perversion muss in eine Perspektive gebracht werden, und zwar vor dem Hintergrund der Irr- und Abwege, die die menschliche Sexualität als solche kennzeichnen: die Fremdartigkeit und Unerreichbarkeit ihres sogenannten »verlorenen« Objekts, die Labilität und Austauschbarkeit ihrer Ziele usw. Von da an konnte die »statistische« Untersuchung Freuds, so grob vereinfachend sie auch erscheinen mag, einen nur aus der Fassung bringen: Müsste es nicht eine größere Anzahl von *Perversen* in der Generation der Eltern geben als Neurotiker in jener der Kinder? In derselben Weise und tiefgründiger ist jedoch die infrage stehende Art von Faktizität oder, genauer gesagt, die Art von Realität, nach welcher in der analytischen Nachforschung gesucht wird, schlecht eingeschätzt: Falls die Szenen sich, die eine in die andere, übersetzen, falls das zeitliche Zurückgehen in der Deutung kein anderes Ziel hat, als endlich eine Szene zu entdecken, welche in ihrem Text ihren ganzen Sinn liefern würde, dann ist es verständlich, dass die Suche nach einer stets *älteren, versteckteren, aber völlig offenbarenden, apophatischen* Szene nur endlos und enttäuschend sein kann.[19] Und seitens der Theorie dieselbe

19 Freuds Rückgriff auf die Phantasie – oder auf die Ununterscheidbarkeit zwischen »Fiktion« und »Wahrheit« – ändert nichts an der Sache: Eine Phantasie erzeugt nicht notwendig einen sich selbst genügenden Sinn, nicht mehr als eine erinnerte Szene. Das zeitliche Zurückgehen in den Phantasien wird seinerseits auch unendlich sein. Daher der allerletzte Rückgriff auf die Biologie.

offensichtliche Starrheit. Das aufgestellte Modell, so kohärent es auch sein mag, steckt sich das Ziel, der Psychopathologie – und nur ihr – Rechnung zu tragen. *Pathologische* Abwehr, Verdrängung und Unbewusstes gehören demselben Ganzen an, welches, umgekehrt, die Kur beabsichtigt aufzulösen. Die Idee eines unreduzierbaren, »normalen«[20] Unbewussten, trotz allem, was man ihm abgewinnen kann, das Postulat einer Urverdrängung, welche von der Verführungstheorie selbst erklärt würde, das alles ist noch außer Sichtweite.[21] Die wahnwitzige Hoffnung eines »totalen Erfolges«, der Entdeckung des »Geheimnisses des Zwischenfalls in der Jugend«, einer »völligen Beherrschung des Unbewußten durch das Bewußtsein« mündet notwendigerweise in die Enttäuschung, welche jedoch die Theorie letztlich kurzerhand in Trümmer schlägt, obgleich die Beziehung zwischen der Theorie und den Tatsachen von Grund auf hätte erneuert werden können, und zwar durch ihre gemeinsame und gegenseitige Vertiefung. Denn es war ja nur ein bruchstückhafter und begrenzter Aspekt der Faktizität, welcher vorgeschoben wurde, um so ohne Weiteres eine Theorie, die selbst zu eng gefasst war, abzulehnen, während doch die Diskussion des Jahres 1897[22] in eine solch dialektische Umgestaltung hätte münden können, wie man sie in

20 Jedoch eine Vorausahnung: »Es genügt nicht, die Verdrängung zwischen dem Vorbewußten und dem Unbewußten in Betracht zu ziehen, sondern auch die normale Verdrängung innerhalb des Systems Unbewußt selbst. Sehr bedeutungsvoll, noch sehr dunkel.« (Manuskript M, *Aus den Anfängen der Psychoanalyse*).

21 Ein weiterer hemmender Faktor ist die quasi ausschließliche Bedeutung, die Freud, unter den Grenzen, die die zeitlichen Phasen voneinander trennen, noch der Pubertät zuspricht. Die Kindheit und die infantile Sexualität wird noch lange Zeit von ihm als eine Ganzheit (die autoerotische Periode) gegenüber der postpubertären Ganzheit angesehen. Daher die Schwierigkeit, den Mechanismus der Nachträglichkeit zwischen zwei Momenten der Kindheit spielen zu lassen, ein Prozess, den »Der Wolfsmann« anschließend mit einem eindrucksvollen Beweis belegen wird. Eine ähnliche Schwierigkeit wird sich in den Jahren 1900–1910 wieder einstellen, und zwar in Bezug auf die Theorie der Homosexualität. Freud entdeckt binnen kurzer Zeit, mit Sadger, dass eine leidenschaftliche heterosexuelle Zuneigung die Wurzel einer homosexuellen Partnerwahl sein kann, aber er braucht lange Zeit, bevor er akzeptiert, diese Zuneigung bis in die Kindheit zurückzuverlegen (Leonardo).

22 Aber welchen wirklichen Gesprächspartner hatte damals Freud?

der Geschichte der Naturwissenschaften beobachten kann: eine zweifache Verallgemeinerung, genau in dem Sinne, in dem man in der Physik von der allgemeinen Relativitätstheorie spricht.

*

Eine *allgemeine Verführungstheorie*? Man sieht, dass ich bereits das Programm aus der Zeit nach 1964–1967 skizziere. Aber ich kann nicht die Zwischenzeit von 70 Jahren mit Stillschweigen übergehen, selbst wenn die Grenzen dieses Artikels, den ich, und das möchte ich betonen, eher theoretisch und epistemologisch als historisch wünsche, mir Schranken setzen.

Es ist eine Periode der Verdrängung, soweit man überhaupt diesen Ausdruck auf die Geschichte des Denkens anwenden darf.[23] In der psychoanalytischen Literatur – mit Ausnahme von Freud und Ferenczi – herrscht wüstenhafte Stille. Grinsteins *Index der psychoanalytischen Schriften*, der genau diese Periode deckt, ist diesbezüglich aufschlussreich. Das Stichwort »Verführung« verweist alles in allem auf drei psychopathologisch orientierte Artikel und auf einen historisch orientierten Artikel, wobei alle von *nicht-psychoanalytischen Zeitschriften* und von Autoren veröffentlicht worden sind, deren spätere Werke uns kaum ein Zeugnis hinterlassen haben.[24] Die Beschränkung der Theorie auf die Psychopathologie, ihre Verstoßung durch Freud als einer Theorie, die einer abgelaufenen Epoche angehört, haben in der Bewegung wie eine Zensur gewirkt.

Bei Freud selbst hat die Theorie nach 1897 einen wirklichen Zusammenbruch erlitten. Man weiß, dass die (sekundäre) Verdrängung sich dadurch kennzeichnet, dass sie immer »individuell« wirkt, d. h. Stück für Stück.

---

23 Wir nehmen uns die Freiheit, von Verdrängung zu sprechen (ein persönlicher Prozess), denn es handelt sich im Wesentlichen um das Denken des Individuums Freud.

24 Margarethe Kossak (1913): Sexuelle Verführung der Kinder durch Dienstboten. *Sexualprobleme*, Januar 1913.

– B. E. Schwarz, B. A. Ruggieri: Morbid parentchild passions in deliquency (Morbide Eltern-Kind-Leidenschaften in der Straffälligkeit). *Social Therapy* 1975, 3, S. 180; Sadism, seduction and sexual deviation. *Medical Times* 1959, 87, S. 216–224.

– A. Schusdck (1966): Freud's ›seduction theory‹: a reconstruction. *J. Hist. behav. Sci.* 1966, 2, S. 159–166.

Sie sind ebenso wirksam wie die Verdrängung selbst, jene Zerstückelungs-, Verstümmelungs- und Auslöschungsprozesse und jene sekundäre Wiederverarbeitung, welche die nicht zusammengehörigen Elemente zusammenfügt und die Bande echter Zusammengehörigkeit auseinanderreißt. Jedes einzelne Element der Verführungstheorie, *membrum disjectum*, entwickelte sich allein und für sich selbst weiter, wobei es sich unter Umständen einen neuen Zusammenhang sucht. So wird z. B. der zeitliche Aspekt der Theorie, die Nachträglichkeit, weiterhin eine Leitlinie des psychoanalytischen Denkens – und der psychoanalytischen Praxis – bleiben: Trotz der Versuchungen der von Jung vorgeschlagenen »retroaktiven Phantasie« wird Freud widerstehen und die doppelte Spannung, die Spannung in zweifacher Richtung, zwischen der älteren Szene und dem jüngeren Szenario, aufrechterhalten; davon zeugt der Text über den »Wolfsmann«. Es stimmt jedoch, dass die Nachträglichkeit – aus dem Zusammenhang gerissen – nicht anders kann, als sich verzweifelt eine andere Verankerung in einer anderen Realität zu suchen: jener, deren Namen »Urphantasien«, »phylogenetische Erbschaft«, »wissenschaftlicher Mythos« der Urhorde usw. lauten.[25]

Was die topischen Aspekte der Theorie betrifft, so werden die Dinge ihrerseits gefährlich abdriften. Der Begriff des inneren Angriffs, ja sogar des inneren Fremdkörpers, wird niemals wirklich infrage gestellt werden: Es ist die Phantasie, die, wie wir wissen, an die Stelle dieser letzten »psychischen Realität« tritt; aber auch hier wird unvermeidlich der Boden einer

25 Vgl. zu dieser Bewegung des Zurückgehens in der Gattungsgeschichte: Fantasme originaire, fantasmes des origines, origines du fantasme (Urphantasie, Phantasien über den Ursprung, Ursprung der Phantasie). *Les Temps modernes*. 1964, S. 215. Wir haben seither wiederholt unseren klaren Gegensatz gegenüber dieser Art von soziologisch-anthropologisch-phylogenetischer Spekulation ausgedrückt, was auch immer die ihr zugeordnete Funktion und die ihr zugewiesene Existenzweise sein mag: eine kausale Funktion (eine genetisch übertragene Kausalität) und geschichtliche Realität bei Freud. (Einer der Texte, der diesbezüglich am weitesten geht, wurde soeben entdeckt: »Überblick über die Übertragungsneurosen«. Ein im Jahre 1915 abgesandter Text … an Ferenczi.) Wirklichkeit und »Mythos«-Funktion für andere, aber dieser Ausdruck allein, an sich faszinierend, genügt er, um auf die konkreten Probleme, die er aufwerfen sollte, Antwort zu geben: das Verhältnis des »psychoanalytischen« Mythos zum Mythos des Ethnologen, die Art seiner Übermittlung beim Individuum, seine »Einschlagstelle« in der subjektiven Topik?

»objektiven« Realität gesucht: Der Trieb wird, in letzter Instanz, biologischen Ursprungs sein; was auch immer die Repräsentanz-Verhältnisse, welchen die Vermittlungsfunktion obliegt, sein mögen, die Bewegung geht in folgender Richtung: somatische Erregungen – Trieb – Phantasie, während mitten in der Zeit der Verführungstheorie die Kausalreihe folgendermaßen aufgestellt war:

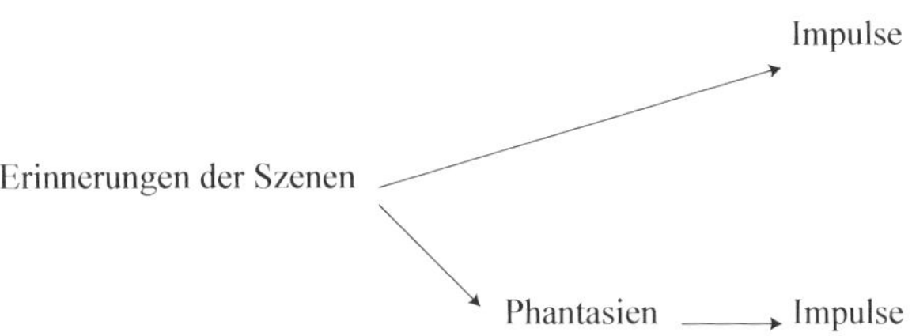

Der dritte Aspekt der Theorie, das sprachliche und »übersetzerische« Modell, wird bei Freud fast vollkommen verschwinden. Dieser Aspekt wird bei Ferenczi nicht so sehr sein Überleben (denn Ferenczi kannte sicher nicht den Brief 52) als vielmehr seine Erneuerung finden. Wir sehen in seinem Artikel *Sprachverwirrung zwischen Erwachsenen und Kindern* eine wahre Einleitung zur *Allgemeinen Verführungstheorie* und – ein nur scheinbarer Anachronismus – wir bewahren ihm seinen ganzen Platz in der theoretischen Bewegung der Zeit nach 1964.[26]

26 In: *La Psychoanalyse*, 4 (Gesamtwerke). Paris: Payot. Ich möchte in Erinnerung rufen, dass diese Konferenz aus dem Jahre 1932 stammt, ein Jahr vor dem Tode Ferenczis, dass weder Freud noch seine Schüler in irgendeiner Weise auf diese Pionierarbeit reagiert zu haben scheinen und dass die erste französische Übersetzung von Vera Granoff (*La Psychanalyse*, 6) aus dem Jahre 1961 stammt. Die wichtigsten Kommentare können gefunden werden:

- W. Granoff (1961): Ferenczi: faux problème ou vrai malentendu? *La Psychanalyse*, 6, 1961, S. 275ff.
- J. Laplanche, J.-B. Pontalis: Fantasme originaire, fantasmes des origines, origines du fantasme. op. cit., S. 28f.
- J. Laplanche: *Leben und Tod in der Psychoanalyse*. op. cit., S. 70.
- F. Gantheret (1984) : *Incertitude d'Eros*. Paris, S. 143ff.
- J. Laplanche: Trauma, Übersetzung, Übertragung und andere Über(-Schwänglichkeiten), in diesem Band.

Wenn also bei Freud die Verführung als *Theorie* jenes von uns bedauerte Schicksal der Verdrängung und Verstümmelung erfährt, so setzt im Gegenteil, auf der anderen Gedankenlinie, jener der Faktizität, eine wichtige Vertiefung an, und zwar aufgrund der Einführung einer zweiten Ebene, die man *frühzeitige Verführung nennen* kann. Der Vater, hauptsächliche Figur der »infantilen« Verführung, überlässt seinen Platz, vor allem in der sogenannten »vor-ödipalen« Beziehung, der Mutter. Die Verführung wird hier über die körperliche Pflege des Kindes vermittelt. Das ist ein von Freud wiederholt aufgegriffenes Thema, welches auf seine Art und Weise beweist, dass die Verführung nicht nur nicht aufgegeben ist, sondern dass sie weiter ihren Weg geht, über das Anekdotische hinaus, zum Wesentlichen. Ich kann nur den kanonischen Satz zitieren: »Hier aber berührt die Phantasie den Boden der Wirklichkeit, denn es war wirklich die Mutter, die bei den Verrichtungen der Körperpflege Lustempfindungen am Genitale hervorrufen, vielleicht sogar zuerst erwecken mußte.«[27]

Es handelt sich hier um einen entscheidenden Schritt auf dem Weg, der uns nicht nur in der Zeit zurückgehen lässt (es handelt sich hier um die allerersten Monate), sondern auch in der Kategorie der Realität, in die die Verführungstatsachen einzuordnen sind. Denn es handelt sich nicht mehr genau um eine (bloß faktische) *Realität**, sondern um die *Wirklichkeit**, eine Kategorie, die uns über die Kontingenz und Zufälligkeiten hinausführt: Es handelt sich um eine notwendige Verführung (*musste**, ein Verb, welches den zwangsläufigen Charakter der mütterlichen Tätigkeit kennzeichnet), die in der Situation selbst enthalten ist. Freud versäumt es hingegen, das zu analysieren, was diese Universalität ausmacht und sie als grundsätzliche und grundlegende menschliche Tatsache kennzeichnen würde; er verabsäumt es (aber dies ist in seiner Analyse der Eltern-Kind-Beziehungen seine Gewohnheit), das elterliche Unbewusste einzuführen; er verabsäumt es vor allem, diese frühzeitige Verführung in das theoretische Gesamtgefüge, das ihr ihren ganzen Wert verleihen würde, einzuordnen. Denn es ist doch so künstlich – wie wir es aus Bequemlichkeit getan haben –, die Gedanken-

27 S. Freud: *Neue Folge der Vorlesungen zur Einführung in die Psychoanalyse. GW XV*, S. 129.

linie der Faktizität von jener der Theorie zu unterscheiden: Eine Theorie der allgemeinen Verführung kann sich erst entwickeln, wenn man die Wirksamkeit der *Urverführung* genau bestimmt; Freud konnte auf dem Boden einer Theorie, die einen Trieb-Biologismus mit einer Anthropo-Phylogenese der Phantasien verbindet, seine Neueinschätzung der Verführungstatsache nicht zu einem guten Ende bringen.[28]

*

Damit sind wir nun in der gegenwärtigen Periode, nach 1964–1967, angelangt.[29] Nicht zu dem Zweck, um an unseren Zug ohne weitere Überprüfung den Wagen jener, die Freuds Vorgeschichte erforschen, anzuhängen, wobei sie nur sein heimliches Interesse für die psychopathologischen – und sogar gerichtsmedizinischen – Beobachtungen von an Kindern verübten sexuellen Missbräuchen hervorheben. Und wenn auch Jeffrey Massons Kapitel *Freud in der Leichenhalle von Paris* nicht unbedingt zu verwerfen ist, so kann uns diese Rückkehr zur ärgsten Psychopathologie nur von der Vertiefung der dahinterliegenden Wirklichkeit ablenken. Es ist übrigens bemerkenswert, dass dieses Buch,[30] dessen Titel sich auf die *suppression* (auf

28 Jeder Freud-Schüler, der versucht, das analytische Denken voranzutreiben (jeder, der in einer Nachfolge denkt), kann nur zwischen zwei Haltungen wechseln: Jene, die darin besteht, sich von gewissen Angaben und Geistesblitzen des Werkes nach vorn schleudern zu lassen, auf die Gefahr hin, Freud selbst nach vorn zu ziehen; und jene, welche – aufgrund einer objektiveren Bewertung der Gesamtheit des Freud'schen Denkens – ihm einen relativ festen Platz zuweist, sowohl seinen Reichtum als auch seine Grenzen, seine Mängel und Aporien abschätzt. Ich denke, dass ich oft genug den ersten Gesichtspunkt vertreten habe, um das Recht zu besitzen, Freud nicht ungehörig in der allgemeinen Verführungstheorie zu extrapolieren. Einer jener Texte, die am stärksten zu dieser Extrapolation-Propulsion einlädt, ist zweifellos der *Leonardo*. Wir haben ihn in diesem Sinne in *Problématiques III: La Sublimation*. Paris: PUF 1980, S. 82–115 kommentiert.

29 J. Laplanche, J.-B. Pontalis: Fantasme originaire, fantasmes des origines, origines du fantasme (Urphantasien, Phantasien des Ursprungs, Ursprung der Phantasie); J. Laplanche, J.-B. Pontalis (1972): *Vokabular der Psychoanalyse*. Frankfurt a. M.

30 J. Masson (1984): *Was hat man dir, du armes Kind, getan. Sigmund Freuds Unterdrückung der Verführungstheorie*. Hamburg.

Englisch im Text; die Unterdrückung) oder auf das »Aufgeben der Verführungstheorie« bezieht, diese Theorie *nicht einmal in ihrem Ansatz kennt.* Zur infantilen Verführung zurückzukehren, ohne weitere Überlegung, bedeutet einen Rückfall in den schwerfälligen Gegensatz zwischen dem Realen und der Phantasie, ein Gegensatz, den eben gerade diese Theorie zu überwinden gestattet.

Die von uns vorgeschlagene »Verallgemeinerung« entwickelt sich also vor allem in der Form einer theoretischen Infragestellung. Ihre erste Grundlage ist sogar direkt philosophisch: eine Untersuchung des Begriffspaares Aktivität – Passivität. Freud hatte das große Verdienst, den großen Wagemut, dieses Begriffspaar sowohl der Triebtheorie als auch der Entwicklung des Sexuallebens zugrunde zu legen.[31] Wagemut, wenn man an die moderne und, um es klar auszudrücken, angelsächsische Art und Weise denkt, diese Frage zur Seite zu schieben, indem man von »Interaktion« spricht. Denn, das ist sicher, was die Ebene der bloßen Verhaltensbeschreibung betrifft, wäre selbst der Allerschlauste unfähig, in einer zwischenmenschlichen Beziehung zu bestimmen, wer aktiv und wer passiv ist. »Jeder Trieb ist ein Stück Aktivität; wenn man lässigerweise von passiven Trieben spricht, kann man nichts anderes meinen, als Triebe mit passivem Ziele.«[32] Und dennoch, selbst mit diesem Bezug auf das Ziel verstrickt sich Freud, wie wir am Beispiel der frühen Still-Situation gezeigt haben. Denn wenn er in den *Neuen Vorlesungen* behauptet, dass »Die Mutter […] in jedem Sinn aktiv gegen das Kind [ist]«[33], so scheint er im *Leonardo* (der andererseits so sicher angelegt ist) angesichts des passiven Charakters der »Erinnerung an den Geier« ratlos zu sein, da er denkt, dass die orale Erotik (das Saugen an der Brust) per definitionem aktiv sein müsste.[34] Man darf sich daher nicht davor fürchten, sich hier auf das philosophische Denken zu berufen,

---

31 Vgl. J. Laplanche, J.-B. Pontalis: *Das Vokabular der Psychoanalyse*. Artikel »Aktivität – Passivität«.

32 S. Freud: Triebe und Triebschicksale. *GW X*, S. 214–215.

33 S. Freud: *Neue Folge der Vorlesungen zur Einführung in die Psychoanalyse. GW XV*, S. 122.

34 Vgl. unsere Diskussion in *Problématiques III: La Sublimation*, S. 82–87; und: Trauma, Übersetzung, Übertragung und andere Über(-Schwänglichkeiten).

besonders auf jenes der Cartesianer, die diese Frage Aktivität – Passivität in der zwischenmenschlichen Beziehung in sehr scharfer Form gestellt haben: die Kreaturen in ihrem Verhältnis untereinander oder in ihrem Verhältnis zu Gott. Ich habe einmal Spinoza zitiert, aber man kann genauso gut auf Descartes, für den es zumindest »ebenso viel Realität« in der Ursache als in der Wirkung geben muss, zurückgreifen, und vor allem auf Leibniz:

> 49. Man sagt von einem Geschöpf, daß es nach außen hin *wirkt*, sofern es Vollkommenheit hat; von einem anderen sagt man, es leidet, sofern es unvollkommen ist. So schreibt man der Monade *Tätigkeit* zu, sofern sie deutliche, Erleiden, sofern sie unabgehobene Perzeptionen hat.
> 50. Ein Geschöpf ist vollkommener als ein anderes, insofern man in ihm *a priori* den Grund von demjenigen findet, was in einem anderen vorgeht; in diesem Sinne sagt man, es wirke auf ein anderes.[35]

Auf dieses feste Unterscheidungsmerkmal gestützt, auf jenes eines »Mehr« an Inhalt, an Bedeutung, also an Botschaft, können wir uns der Ursituation des Kindes nähern und versuchen, diese, unabhängig von all ihren Abwandlungen, zu bestimmen. Hier lassen wir uns von der Kühnheit eines Ferenczi leiten, die uns gestattet, uns von der »familialistischen Exklusivität«, die auf dem gesamten psychoanalytischen Denken lastet, freizumachen. Denn es ist schließlich ein Fall von *Kontingenz* (mag er auch in der Biologie[36] und in der menschlichen Geschichte verankert sein), dass ein Kind zumeist von Eltern aufgezogen wird – von seinen Eltern, von den Eltern. Die ursprüngliche Situation, von der Ferenczi ausgeht, besteht in der Konfrontation zwischen dem *Kind* und der Welt der *Erwachsenen*. Denn es ist, *streng genommen*, möglich – welche Verzerrungen sich auch immer daraus ergeben –, ein menschliches Wesen[37] zu werden ohne Familie, jedoch nicht ohne Konfrontation.

Aber diese Erwachsenen-Welt ist keine objektive Welt, die das Kind zu entdecken und zu erfahren hätte, so wie es lernt, zu gehen oder die Dinge zu handhaben. Die Welt ist durch (linguistische oder bloß semiologische, d.h.

35 G. W. Leibniz (1956): *Monadologie* 49.50. Hamburg: Meiner, S. 49.

36 Wie lange noch, übrigens?

37 Außer man führt die Familie über den Umweg der erblich übertragenen Ödipus-Phantasien wieder ein.

prä- oder paralinguistische) Botschaften gekennzeichnet, die das Kind in Anspruch nehmen, bevor es diese noch versteht, und welchen es Sinn verleihen und auf welche es Antworten geben muss, was übrigens genau dasselbe ist.

Bis zu diesem Punkt werden wir von Ferenczi begleitet. Doch der Ausdruck »Sprachverwirrung« scheint mir nicht ganz angemessen zu sein. Der Erwachsene verfügt über eine Vielzahl von Sprachen: die verbale Sprache, jene der Gesten, der Mimik oder der Affekte. Es gibt im Kind ein Potential, das es ihm ermöglicht, zu diesen Sprachen Zutritt zu finden: ein natürliches, instrumentales, aber auch affektives Potential. Aber das Problem lässt sich weder auf die Aneignung einer oder mehrerer Sprachen noch auf die Konfrontation zwischen zwei Sprachen reduzieren, wobei jede Sprache ihre eigene und von der anderen verschiedene Logik und »Zeichen-Ausrüstung« besitzt. Wir wissen, dass auch ohne Grammatik und ohne Wörterbuch eine solche Aneignung oder ein solches gegenseitiges aufeinander Abstimmen durchaus möglich ist.

Hiermit einer schon von Freud[38] vorgeschlagenen Science-Fiction-Szene folgend, liegt die Versuchung nahe, an dieser Stelle die Konfrontation unserer Zivilisation mit »Marsmenschen« oder, noch einfacher, den Empfang Pizarros durch die Inkas zu erwähnen. Man weiß aufgrund dieses letzten Beispiels, dass, wie sehr auch die Strukturen des Geistes, der Geschichte und sogar der Referenten verschieden sein mögen, die Sprachverwirrung letzten Endes einer irgendwie geordneten Weise des Austauschs und der Aneignung weicht. In derselben Weise, um zum Kind zurückzukehren, führt sich das Kind in die Sprache ohne Lehrer ein, es bewohnt die (verbale) Sprache, die ihm zeitlich vorausgeht, und dies letztlich ohne Rest.[39]

---

38 In einem völlig zu unseren Äußerungen passenden Text: Über infantile Sexualtheorien. *GW VII*.

39 »Wovon man nicht sprechen kann, darüber muß man schweigen«, sagt Wittgenstein, indem er uns gebietet, uns auf den Bereich der Sprache zu beschränken, wobei er glaubt, die Hypothese eines nichterkennbaren Unbewussten widerlegt zu haben. Wir aber korrigieren, indem wir hinzufügen: Das einzige wirkliche *Unsagbare* ist früher Gesagtes, das sein ›Sagen‹ verloren hat, es ist entsignifiziertes Signifikantes. Denn dies letztere ist wohl *gesagt* worden und kann nicht mehr *verschwiegen* werden. (Wir widmen diese Anmerkung Maurice Dayan.)

Genau an diesem Punkt muss man also weiter gehen, als es ein Ferenczi tat, und man muss einen vom Lacanismus verschiedenen Weg nehmen. Denn Ferenczi geht nicht soweit, in Betracht zu ziehen, dass diese »Sprache der Leidenschaft« nur *in dem Maße* ein Trauma bewirkt, als sie einen »ihr selbst unbekannten« Sinn vermittelt, d. h. dass sie die Anwesenheit des elterlichen Unbewussten zum Ausdruck bringt. Wir behaupten jedoch gegen Lacan, dass diese Manifestation des Unbewussten nicht auf die Potentialitäten der transindividuellen Polysemie einer Sprache im Allgemeinen beschränkt werden kann.

Um all diese Elemente miteinander in Verbindung zu bringen, wollen wir folgende Behauptung aufstellen: Die Konfrontation zwischen dem Kind und dem Erwachsenen enthält eine grundsätzliche Beziehung zwischen Aktivität und Passivität, eine Beziehung, die an die unvermeidbare Tatsache gebunden ist, dass die elterliche Psyche »reicher« ist als jene des Kindes. Aber, im Unterschied zu den Cartesianern, sprechen wir nicht von einer größeren »Vollkommenheit«, denn dieser Reichtum kann genauso gut als Gebrechen gelten: sein Abgespaltensein vom Unbewussten.

Mit dem Ausdruck *Urverführung* bezeichnen wir also jene grundlegende und grundsätzliche Situation, in der der Erwachsene an das Kind sowohl verbale als auch nicht-verbale Signifikanten heranträgt, oder sogar solche, die sich in seinem Verhalten anbieten – Signifikanten, die von unbewussten, sexuellen Bedeutungen durchsetzt sind.[40]

Für das, was ich *rätselhafte Signifikanten* nenne, muss man nicht lange nach konkreten Beispielen suchen. Was die Brust selbst betrifft, die augenscheinlich das natürliche Stillorgan ist, kann man weiterhin ihre bedeutende sexuelle und unbewusste Besetzung durch die Frau vernachlässigen? Kann man annehmen, dass diese »perverse« Besetzung nicht vom Säugling wahrgenommen oder geahnt wird, und zwar als Quelle jenes dunklen, zweifelnden Fragens: Was will sie von mir?

40 Es ist bemerkenswert, dass die *Einführungsvorlesungen in die Psychoanalyse* von der Feststellung und der Erklärung der Fehlleistungen (nicht nur der lapsi linguae) ausgehen. Das, was ein Wesen kennzeichnet, das ein Unbewusstes besitzt, ist nicht der Traum, sondern die Fehlleistung.

Wir möchten jedoch hier dem, was man die »Urszene« nennt, einen besonderen Platz einräumen. Sie, wie Freud es macht, in dieselbe Ebene wie die Verführung zu verlegen, in den »Abstellraum« der Urphantasien, das bedeutet, dass man folgende wesentliche Tatsache nicht bemerkt: Die Koitusszene zwischen den Eltern *ist selbst eine Verführung* für das Kind, im Sinne der Urverführung. Sie trägt an das Kind Bilder heran, oft zwingt sie ihm diese Bilder auf, bruchstückhafte, Trauma verursachende Szenarien, die nicht assimiliert werden können, da sie für die Handelnden selbst teilweise unverständlich sind. Die Klein'sche Auffassung der »vereinigten Eltern« erläutert diesen Aspekt gut: Die Eltern sind in einem ewigen Koitus vereint, der den Genuss mit dem Tod verbindet und durch den sie das Kind von jeglicher Fähigkeit teilzunehmen, *also* zu symbolisieren, ausschließen.

In demselben Bereich wirken auch die zwei großen Rätsel, die die theoretisierende Tätigkeit des Kindes auslösen und die von Freud hervorgehoben worden sind: die Ankunft eines anderen Kindes und der Unterschied zwischen den Geschlechtern. Auch hier vollzieht sich der Trauma erzeugende Effekt über den Umweg der Unfähigkeit der Erwachsenen, *sich selbst* über die Rätsel klar zu werden.

Man sieht, dass ich zur Urverführung Situationen und Kommunikationen rechne, die keineswegs einem »Sittlichkeitsvergehen« entsprechen: Das *Rätsel*, jenes, dessen treibende Kraft unbewusst ist, *ist in sich Verführung*, und nicht umsonst ist die Sphinx vor den Toren von Theben aufgestellt.[41]

Es ist weder eines der geringsten Verdienste Leonardos noch des *Leonardos* von Freud, uns die drei Ebenen der Verführung so zu zeigen, wie wir sie durchlaufen haben: die pädophile (hier homosexuelle) Verführung, die frühzeitige Verführung durch die Mutter, die Urverführung, deren Gestalt das unvermeidlich rätselhafte Lächeln der Mona Lisa, der heiligen Jungfrau oder des Apostels Johannes ist. Denn man muss hier eines richtig verstehen: Die Urverführung bestreitet nicht etwa die Wichtigkeit der zwei anderen Ebenen, sondern sie verleiht ihnen vielmehr ihre Grundlage. Insbesondere die frühzeitige Verführung verdient unsere ganze Aufmerksam-

---

41 Die pädophile, »infantile« Verführung eröffnet die Reihe. Aber die Urverführung, jene des Rätsels, ist der Prolog der Tragödie.

keit im Rahmen der neuen Triebtheorie. Begriffe wie die »erogene Zone«, die »somatische Quelle des Triebes«, des »partialen analen, oralen oder phallischen Triebes« können nur dann aus den Aporien befreit werden, in die uns eine waghalsige Physiologie treiben will, wenn man sich daran erinnert, dass diese Zonen vor allem und im Wesentlichen Übergangs- und Austauschstellen, »Brennpunkte« der mütterlichen Pflege sind. Hygienische Pflege, bewusst von der Mütterlichkeit motiviert, in der jedoch die unbewussten Wunschphantasien wirksam sind. Und letztlich muss, vom Boden der Urverführung und der frühzeitigen Verführung ausgehend, den Tatsachen der infantilen Verführung ihre ganze Bedeutung zurückerstattet werden, um sie endlich aus jener Art von theoretischem Ghetto, in das sie seit Jahren eingepfercht sind, herauszuholen.

In der Reihe: infantile Verführung – frühzeitige Verführung – Urverführung, wollen wir nochmals betonen, dass wir uns nicht vom Realeren zum »Mythischeren« bewegen, denn es ist nötig, die Bezeichnung (von etwas als) »mythisch« (oder »mythische Zeit«), durch die man das Ursprüngliche loswerden will, zurückzuweisen; das Ursprüngliche ist eine Vertiefung des Begriffs des Realen, und zwar in Richtung der unvermeidlichen Situationen, die es begründen: Es ist eine Kategorie der Wirklichkeit*.

Die Theorie der Verführung – in ihrer *verallgemeinerten* Form – muss, ausgehend von einer genauen Auffassung dieser Hierarchie zwischen den »Verführungen«, neu konstruiert werden. Eine Theorie, die, mittels des Mechanismus der Verdrängung, sowohl der Begründung und der Permanenz des Unbewussten als auch dem Effekt »Trieb«, der davon untrennbar ist, Rechnung trägt. Eine Theorie jedoch, die das, was man die Kur nennt, ihre Wirkungen und ihre Grenzen, einbeziehen muss. Es kann hier nur von einem Schema die Rede sein, da ein Teil dieser Fragen bereits an anderer Stelle diskutiert wird und ein weiterer Teil sich noch im programmatischen Zustand befindet.

Wir haben kürzlich und mit mehr Präzision das allgemeine Schema im Zusammenhang mit dem Trieb aufgezeichnet.[42] Es besteht in der eines Individuums, dessen somato-psychische Anlagen sich in überwiegendem Maße

42 Vgl. Der Trieb und sein Quell-Objekt; sein Schicksal in der Übertragung.

auf der Ebene des Bedürfnisses bewegen, mit Signifikanten, die vom Erwachsenen herrühren. Diese Signifikanten sind an die Befriedigung dieser Bedürfnisse gebunden, transportieren aber damit zugleich das Vermögen, das rein potentielle Befragen anderer – sexueller – Botschaften. Die Arbeit der Beherrschung und der Symbolisierung dieses »rätselhaften Signifikanten« führt notwendig zu unbewussten Resten (den »fueros«), zu dem, was wir die »Quell-Objekte« des Triebes nennen.

Hier liefert uns Ferenczi nur einen Hinweis, der sich sehr schnell als ungenügend herausstellt. Denn es handelt sich nicht um eine vage »Verwirrung«, sondern sehr präzise um ein Nicht-Angemessensein der Sprachen. Ein Nicht-Angemessensein des Kindes dem Erwachsenen gegenüber, aber auch und im Wesentlichen ein Nicht-Angemessensein des Erwachsenen dem »Quell-Objekt« gegenüber, das ihn selbst »bewirkt«.

Der zeitliche Gesichtspunkt, die Nachträglichkeit, kann also nur mittels des semiologischen und »übersetzerischen« Gesichtspunktes, den der Brief vom 16. Dezember 1896 eingeführt hat, verstanden werden. Rufen wir uns jedoch den vom Wz freigelassenen Platz in Erinnerung zurück.[43] Wie sonst könnte auch eine reine Wahrnehmung *Zeichen* zurücklassen, wenn es nicht von einem anderen vorgeschlagene Zeichen wären. Und umgekehrt, falls es sich nur um Anzeichen, rein faktische Spuren, Relikte ohne semiologische Absichten handelte, wie könnten sie sich da einer ersten Übersetzung durch das Individuum anbieten? Wir stellen also das Wz dem rätselhaften Signifikanten, so wie es sich noch vor jeglichem Übersetzungsversuch niederschlägt und einschreibt, genau gleich.

Das menschliche Wesen ist und bleibt ein sich selbst übersetzendes, sich selbst theoretisierendes Wesen. Die Urverdrängung ist nur der erste und begründende Moment eines Prozesses, der das ganze Leben lang andauert. Für diesen Prozess haben wir ein Schema vorgeschlagen, und zwar jenes der Substitution des Signifikanten oder der Metabolie mit ihren verschiedenen Abwandlungen: je nachdem, ob der Zusammenhang aufgrund von Kontiguität (Metonymie) oder von Ähnlichkeit (Metapher) überwiegt; je nachdem, ob die Substitution »vergeßlich«, »verdrängend« oder »integ-

---

43 Wahrhaftig *rätselhaft* für uns…

rierend« ist;[44] je nachdem, ob sie abgesondert bleibt oder sich herauskristallisiert und mit anderen Metabolien in dem, was wir »Symbolisierung« nennen, Gestalt annimmt.[45]

Freud hat von Anfang an gezeigt, dass der topische Gesichtspunkt unersetzlich ist, um den Prozess der Verdrängung zu erfassen und um den Grund dafür zu liefern, warum das Individuum selbst sich dem Primärprozess ergeben muss. Davon ausgehend gilt es, die verschiedenen Ebenen und die verschiedenen Etappen der Verdrängung, gemäß dem Verführungstypus, vor allem aber gemäß der Entwicklung und dem Komplexerwerden der psychischen Instanzen, zu modulieren. Die Urverdrängung ist, wie S. Bleichmar betont, ein Prozess, der, mangels einer direkten Erfassung in der individuellen Entwicklung, festgestellt und näher bestimmt werden kann. Aber es ist sicher nicht eines ihrer unwichtigsten Kennzeichen, dass die Urverdrängung selbst, *global betrachtet,* von der Nachträglichkeit abhängig ist. Die Bildung des Ich, das heißt die Zeit des ursprünglichen Narzissmus, spielt dabei eine wesentliche, beschleunigende Rolle, aber nicht als allerletztes Moment. Denn einzig die sekundäre Verdrängung, bedingt durch den Ödipus- und den Kastrationskomplex, drückt der Bildung des Unbewussten ihr Siegel auf.[46]

Der ökonomische Gesichtspunkt ist ein wesentlicher Aspekt der Theorie. Aber auch hier muss die Auffassung verallgemeinert und von einem zu ausschließlichen Einfluss, der durch die Begriffe der Kraft und der Quantität ausgeübt wird, befreit werden. Das Wesentliche im Ökonomischen ist nicht so sehr das, was abläuft, als vielmehr die Art und Weise, wie es abläuft. So kommt ja auch der Gegensatz zwischen den zwei Prozesstypen, dem primären und dem sekundären, in der Theorie des Konfliktes und zuallererst in der Definition der Triebkräfte, die im Spiele sind, voll zur Wirkung: nämlich durch die Todestriebe und die Lebenstriebe. Es gibt keine andere Weise, ihren Gegensatz zu bestimmen (und ihre Legierungen oder Kompromisse), als durch ihre, sie kennzeichnende, mehr oder weniger starke

44 *Problématiques IV: L'inconscient et le ca.* Paris: PUF 1981, S. 135–140.

45 Problématiques II: Castration, Symbolisation. Paris: PUF 1980, zweiter Teil: Symbolisierungen.

46 S. Bleichmar (1985): *Aux origines du sujet psychique*. Paris: PUF, bes. S. 153–160.

Bindung oder Entbindung. Bindung und Entbindung, die selbst durch den Aspekt, unter dem das »Quell-Objekt« auftritt, bedingt sind: bloßes Anzeichen oder bereits »totales«, »koalisierendes« Objekt.[47]

Das theoretische Projekt, so wie wir es skizzenhaft dargestellt haben, kann nicht, ohne Gefahr zu laufen, im Himmel der Ideen zu verkümmern, auf die Ebene der bloßen Kontemplation, des Theoretischen[48] beschränkt werden. Der Boden, aus dem es seine Kraft zieht, aus dem es Widerspruch oder Bestätigung schöpft, ist jener der *Praxis*: In derselben Weise wie es die Praxis war, aus der sich die Revision des Jahres 1897 ergab. Drei nähere Ausführungen scheinen uns hier wesentlich zu sein, Ausführungen, die die Situation, die Übertragung und den Prozess betreffen:

Wir kennzeichnen die Situation als jene des »Bottichs«, der das auf Anpassung Ausgerichtete ausschließt. Nicht, um aus der Psychoanalyse einen »vergeistigten« Prozess zu machen, sondern, im Gegenteil, um in ihr eine Stätte der Verdichtung[49] dessen zu sehen, was das Wesen selbst des menschlichen Handelns ausmacht: Leben und Sterben für die Liebe der Liebe und des Hasses.[50]

Was die Übertragung betrifft, so sehen wir ihren Begriff und ihre Praxis von folgender Alternative bestimmt: Ist sie eine Neutralität, deren Finalität darin besteht, sich von allen abwegigen Wiederholungen des Individuums *ausfüllen* zu lassen, mit dem späteren Zweck, die Illusion zu desillusionieren? Oder ist sie ein Abstandnehmen, eine Stätte des Rätsels, kurz, in diesem Sinne eine Verführung, und dazu bestimmt, die Auf- und Durcharbei-

47 Vgl. Problématique du ca. *Problématiques IV: L'inconscient et le ca*. Paris: PUF, S. 220–260.

48 Auf Französisch »le théorétique«. Der Autor stellt nicht das Theoretische dem Praktischen, sondern *»le théorétique«*, welches sowohl die Theorie als auch die Klinik umfasst, der Praxis gegenüber:

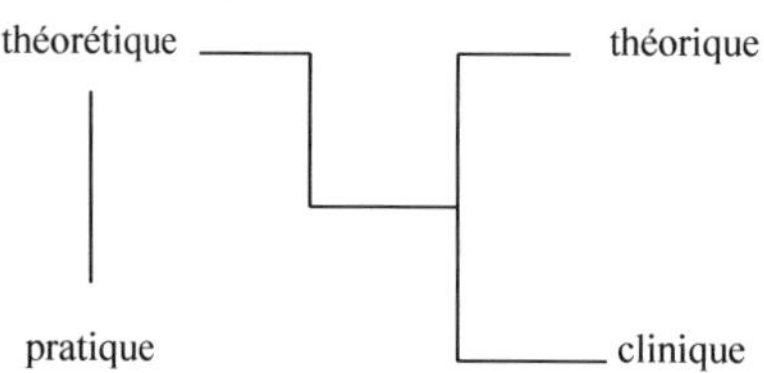

49 Ein Partikelbeschleuniger, würden wir sagen.

50 Trauma, Übertragung, Transzendenz und andere Über(-Schwänglichkeiten).

tung des ursprünglichen Rätsels des Individuums wieder aufzunehmen und weiter zu verfolgen?

Eine hohle oder eine volle Übertragung, das ist die grundsätzliche Wahl, selbst wenn die Metamorphosen der Kur sie manchmal als zwei gleich *wahrscheinliche* Aspekte erscheinen lassen.

Der Prozess schließlich ist natürlich ein Prozess der Deutung und der Konstruktion, welcher jedoch nur im Zusammenhang mit der folgenden universellen These verstanden werden kann: Das menschliche Wesen ist, von Natur aus, selbst-deutend. Ein endlicher oder ein unendlicher Prozess? Verzweifelter Protest aus dem Jahre 1897: Man berührt niemals den Boden der letzten Szene; und – wie ein Echo – die Behauptung aus dem Jahre 1937: Aber man stößt sich am ursprünglichen, *biologischen* Granitblock der Kastration. Unsere Art und Weise, die Dinge zu verstehen, ist natürlich eine ganz andere, denn erstens gibt es keine letzte Szene und nicht einmal eine letzte grundsätzliche und grundlegende Phantasie, einen letzten (individuellen oder transindividuellen) Schlüssel, der den Prozess der Analyse zu einer Lösung bringen würde. Die Analyse ist, in diesem Sinne, gewiss unendlich, genauso wie es die schöpferischen Möglichkeiten des menschlichen Wesens sind. Aber die Deutung ist deshalb keine Erfindung *ex nihilo*. Es geht bei ihr um einen Inhalt, den sie der Dunkelheit zu entreißen sucht, welche nichts anderes als das Unbewusste selbst ist. Dort ist der Granitblock oder, besser gesagt, dort ist das Schloss, dessen Schlüssel verloren ist. Aber bevor er noch vom Individuum selbst im Verdrängungsprozess verloren worden ist, ist er, auf noch grundlegendere Weise, vom Anderen, vom anderen Erwachsenen, vom anderen der Urverführung, verloren worden. Für das Kind für immer verloren.

Brief von Jean Laplanche[1]

»Post-Scriptum«

Da mein Text erschöpfend befragt worden ist, möchte ich nur noch einige Erläuterungen vorlegen, zumal ja mein Text gewiss sehr dicht ist. Ich werde auf die Punkte eingehen, so wie sie mir einfallen.

Der Ausdruck, der schöne Ausdruck *»ein ihm selbst unbekannter Sinn«*, ist nicht ganz von mir. Ich habe ihn von Freud oder vielmehr von seinen manchmal inspirierten Übersetzern wie M. Bonaparte und R. Loewenstein. Es steht im *Rattenmann*, dort wo er seine große Zwangsbefürchtung »gesteht« und wo Freud einen Gesichtsausdruck bemerkt, »den [er] nur als Grausen vor seiner ihm selbst unbekannten Lust auflösen kann«.[2] Natürlich ist in meinem Ausdruck der Sinn demjenigen unbekannt, der das Signifikant vorschlägt. Aber meine Rückkehr zum Rattenmann unterstützt meine Ansicht in zwei Punkten. Einerseits versagte es sich Freud nicht, den nichtverbalen geheimnisvollen Signifikanten (hier: der Ausdruck eines Gesichts) Aufmerksamkeit zu schenken. Andererseits erfolgt die Analyse (auflösen)*, oder wie die Übersetzer sagen, die … Übersetzung in verbaler Sprache. Ich denke auch noch an die wohlbekannte Stelle der »Verneinung«, wo Freud »die Sprache der oralen Triebregungen« in Worte übersetzt.

Dies führt uns zu einem wichtigen Punkt: Ich bin über Conrads Erstaunen hinsichtlich des auf *»die nichtverbalen, ja sogar im Verhalten liegenden Signifikanten«* gelegten Akzentes erstaunt. Tatsächlich habe ich stets – seit Bonneval[3] – an der klassischen Stellung Freuds festgehalten, nach der die verbale Sprache auf der Ebene des Sekundärprozesses liegt, oder vielmehr,

1 Brief an C. Stein, Verleger der Zeitschrift *Etudes freudiennes*, der den vorhergehenden Artikel veröffentlicht und vom 5. bis 6. Oktober 1986 ein Kolloquium über das Thema der Verführung organisiert hatte.

2 Deutscher Originaltext in: *L'homme au rats: Journal d'une analyse*. Paris: PUF 1974, S. 207.

3 Das von Dr. H. Ey im Jahre 1961 organisierte Kolloquium über das Unbewusste.

dass die verbale Sprache das ist, was sich dem Primärprozess hinzufügt, um diesen zu sekundarisieren. Die Gesten, die Brust, das Lächeln einer Mutter sind nicht-verbale Signifikanten, welche das Individuum in andere Sprachen, bis einschließlich der verbalen Sprache, zu übersetzen versucht (mit einem übrigbleibenden Rest). Letztere herrscht zwar in der Kur, aber nicht allein deshalb, weil Freud die Mimik des Rattenmannes in Worte übersetzt, ist diese Mimik bereits von allem Anfang an von Worten durchsetzt. Was die Frage betrifft, ob es nötig ist, eine verbale Sprache zu besitzen, um zu lächeln, und ob die Tiere nicht lächeln, so kann ich nicht darüber entscheiden; aber ich denke, im Gegensatz zu Stein, dass die Hände einer Mutter unbewusste sexuelle Wünsche mit sich führen können, ohne im geringsten die Sprache einzubegreifen. Wie könnte es denn auch anders sein, falls das Tiefste des Unbewussten aus Sachvorstellungen gemacht ist (und selbst die Wortvorstellungen, falls es dort solche überhaupt gibt, sind im Zustand von Sachvorstellungen oder, wie ich es sage, im Zustand von entsignifizierten Signifikanten).

Ich komme nun zur *Urverführung.* Meine Ausführungen dazu sind vielleicht schlecht verstanden worden. Die von mir vollzogene »Verallgemeinerung« der Freud'schen Verführungen – der infantilen und der frühzeitigen – auf die Urverführung ist nicht das Übergehen hin zu einer ersten Zeit, in einem zeitlichen Zurückschreiten und in der Dimension einer »Nachträglichkeit«; es ist ein Übergehen zum *Wesentlichen*, zur »Wirklichkeit«, im Verhältnis zu den durch ein Ereignis (infantile Verführung) oder durch die Situation (frühzeitige Verführung) gekennzeichneten Verführungen. Die Urverführung bedeutet, dass es die Anwesenheit eines Sinnes ist, jedoch eines »Mehr an Sinn«, der versteckt, unbekannt und *die Triebfeder selbst jeder Verführung ist*, egal ob sie nun frühzeitig, infantil, erwachsen usw. ist. Die Vergewaltigung eines Kindes durch seinen Vater, die erotischen Zärtlichkeiten einer Mutter sind nur deshalb verführerisch, weil sie das Rätsel der unbewussten Begierde des Erwachsenen mit sich führen.

»Die Nachträglichkeit«: Ich bin Le Guen zutiefst dankbar, dass er diese Frage aufgeworfen hat, denn man läuft Gefahr, etwas Beliebiges in sie hineinzulegen. Die Urverführung kann keineswegs der erste »Schlag«[4] sein, aber als Wesenskern schließt sie die Folge der Szenen und die »übersetzerische« Spannung, welche ich »Nachträglichkeit« nenne, in sich.

Conrad Stein hat den Unterschied zwischen ihm und mir ausgezeichnet bestimmt: Für ihn gibt es kein anderes Ursprüngliches als die analytische Kur. Das infantile Ursprüngliche, das der Analysierende und der Analytiker in ihr konstruieren, gehört zur Kategorie des Mythos – während ich, meinerseits, diese Berufung auf den Begriff des Mythos, um die signifikanten Phänomene zu bezeichnen, die sich (wirklich!) in der Kindheit zutragen, ablehne. Ich werde hier den Bezug auf Jung, so wie er im *Wolfsmann* erscheint, anführen; nicht um mit dem Gespenst des Deviationismus zu drohen, sondern um die Sache zu klären: Freud hält mit aller Kraft (ohne übrigens völlig klar darin zu sehen) die Unterscheidung zwischen seinem Nachträglichen* und Jungs Zurückphantasieren* aufrecht. Aber hat nicht gerade Jung eine gänzlich auf die Gegenwart konzentrierte Auffassung, laut der die ganze Vergangenheit von dort aus zurückphantasiert wird? Und welchen Unterschied, außer der größeren Würde des Begriffs, gibt es denn zwischen dem »Zurückphantasieren« und dem rückwirkenden Mythos? Ich fürchte, dass man, wenn die ganze analytische Theorie in den analytischen Prozess eingeschlossen wird, schließlich in einer Art von psychoanalytischem Subjektivismus, ja sogar in einer Art von Solipsismus zu zweit endet, in jenem, dem ich, um zwei bekannte Beispiele zu nehmen, sowohl bei Vidermann als auch bei J. C. Lavie begegne.

Was mich betrifft, so kann man die Nachträglichkeit (wörtliche Übersetzung: der Nach-»Schlag«), die den wesentlichen Kern unserer Auffassung von der Zeitlichkeit ausmacht, nur als bipolare Spannung zwischen den »Schlägen« begreifen, eine Spannung, für welche mir das »übersetzerische« Modell am geeignetsten erscheint. Aber das, was ich zu formulieren suche, ist, dass es von Anfang an eine *Botschaft* oder ein *Signifikant* geben muss (das ist das Wz), damit es aufeinanderfolgende Übersetzungen (und

4 Ein nicht-übersetzbares Wortspiel: Das französische Wort für Nachträglichkeit heißt »après-coup«, wobei »après« soviel wie »nach« und »coup« soviel wie »Schlag« oder »Streich« bedeuten. (A. d. Ü.)

Fehler in der Übersetzung) geben kann. In diesem Sinne denke ich keineswegs, dass das Zurückgehen in der Zeit unendlich ist, derart, wie Conrad es zu denken scheint, und derart, wie Freud es zu seiner Verzweiflung glaubte festzustellen. Die aufsteigende Reihe der Szenen ist (vielleicht) »unbeendbar«, aber sie enthält ihren *Grenzstein*, ihre Grenzsteine: die von den Erwachsenen vorgeschlagenen Signifikanten.

Bedeutet dies, dass ich die *Kur* als nicht-ursprünglich auffasse? Keineswegs! Es scheint mir, *im Gegenteil*, dass die Psychoanalyse die ursprüngliche Situation der Verführung wiederherstellt. Darüber hinaus kann man sogar sagen, *dass sie allein letztere in ihrer Unverfälschtheit wiederherstellt*, und zwar in dem Maße, in dem sie sich der Worte, Gesten und der psychischen Einstellung enthält, die eine *faktische* Verführung erzeugen könnten. In diesem Sinne kann man sagen, dass die analytische Situation die »ursprünglichste« von allen ist. Hier stimme ich mit Conrad Stein überein ... glücklicherweise treffen wir uns auf dem Gebiet der *Praxis*!

Ich möchte noch etwas anderes präzisieren: Ich widerspreche offen Freuds Auffassung über die *Urphantasien*. Was auch immer Conrad darüber denken mag, so handelt es sich nicht um ein meinem letzten Text – aufgrund meiner Absicht, auf das Wesentliche zu gehen – vorbehaltenes »Auslichten«, sondern um eine vorsätzliche und alte Einstellung. Weil Pontalis und ich selbst jene Dimension des Freud'schen Denkens ausgegraben haben, werde ich noch lange nicht mit dem einverstanden sein, was jene mit sich führt. Ich setze mich von Grund aus jeglicher Berufung im Freudismus auf den Mythos entgegen: die phylogenetisch übermittelten Urphantasien, der Mythos der Horde, Ermordung des Vaters usw. (Ich spreche nicht von der *Analyse* der Mythen, wie z.B. in *Zur Gewinnung des Feuers*. Aber Freud *analysiert* eben gerade *nicht* seinen »Mythos« der Horde.) Meiner Meinung nach hat Freud deshalb, weil er die ursprüngliche Verführungssituation (ein wahrhaft Unauflösbares, über das man weder hinausgehen muss noch kann) verpasst hat, jenen Weg der vorgeschichtlichen Zurückführung eingeschlagen, einen Lauf, welchen seine Nachfolger verschönert und veredelt haben, indem sie von einer mythischen Dimension sprechen. Aber nicht jeder, der will, ist auch schon fähig, einen Mythos zu schaffen! Nur Völker und andere Gemeinschaftsformen sind meiner Meinung nach dazu fähig.

Ist jedes Signifikant *rätselhaft?* Ja, gewiss. Und ich fürchte sogar, dass diese ein wenig wohlfeile Feststellung die Wurzel der Art und Weise ist, wie der Lacanismus das individuelle Unbewusste aus dem Weg räumt. Aber das, was ich als Rätsel bezeichne, geht weit über die Möglichkeiten der Polysemie und sogar der Poesie jedes Wortes hinaus: Es ist die Tatsache, dass die erwachsenen (elterlichen) Signifikanten, im Laufe der aufeinanderfolgenden Verdrängungen-Übersetzungen, ihre wohl präzisen, aber »für immer verlorenen Signifikate« fallengelassen haben.

Ich weiß, dass von hier aus alles noch zu sagen und zu tun bleibt. Insbesondere muss das allgemeine Verführungsverhältnis genauer dargelegt, müssen seine Trauma verursachenden oder strukturierenden Aspekte usw. präzisiert werden. Ich denke zum Beispiel, da mir eines Tages die Frage gestellt wurde, dass der Unterschied zum »double bind« erarbeitet werden muss: Das Rätsel *ist nicht* das »double bind«, aber es ist wahrscheinlich, dass das »double bind« nur eine besondere, extrem perverse und wahrscheinlich nicht-metabolisierbare Form des Rätsels ist. Der Schlüssel des ursprünglichen Verführungsverhältnisses soll es ermöglichen, die verschiedenen Verführungstypen im Hinblick auf ihre Eigentümlichkeiten zu erforschen.

Quellennachweise

Interpréter [avec] Freud. L'Arc. Nr. 34 (Freud), 1968, S. 37–68.

Le structuralisme devant la psychanalyse. *Psychanalyse à l'université*. Bd. 4, Nr. 15, Juni 1979. (Deutsche Übersetzung in: *Luzifer-Amor. Zeitschrift zur Geschichte der Psychoanalyse*. Bd. 1, Figuren der Herkunft, Tübingen 1988, S. 106–111.)

Une métapsychologie à l'épreuve de l'angoisse. *Psychanalyse à l'université*. Bd. 4, Nr. 16, September 1979.

Réparation et rétribution pénales: une perspective psychanalytique. *Psychanalyse à l'université*. Bd. 8, Nr. 30, März 1983.

Faut-il brûler Melanie Klein?. *Psychanalyse* à l'université. Bd. 8, Nr. 32, September 1983.

La pulsion et son objet-source; son destin dans le transfert. *La pulsion pour quoi faire?* Colloque du 12 mai 1984. Association psychanalytique de France.

Traumatisme, traduction, transfert et autres trans(es). *Psychanalyse à l'université*. Bd. 11, Nr. 41.

La pulsion de mort dans la théorie de la pulsion sexuelle. *La pulsion de mort*. Paris: PUF 1986.

De la théorie de la séduction restreinte à la théorie de la séduction généralisée. *Etudes Freudiennes*. Nr. 27, März 1986. (Hrsg.: C. Stein)

Lettre de Jean Laplanche. *Etudes Freudiennes*. Nr. 29, Herbst 1987.

In den frühen Theorien von Freud und Abraham kaschiert die Depression eine Aggressivität gegen das verlorene Objekt und offenbart darin eine Ambivalenz des Depressiven gegenüber dem Objekt seiner Trauer. Darüber hinaus verweisen neuere Theorien zum Narzissmus – wie die von Edith Jacobson und Béla Grunberger – auf Depression als archaischen Ausdruck einer nicht symbolisierbaren, unbenennbaren narzisstischen Wunde. Daran und an Melanie Klein wie Jacques Lacan anknüpfend, kommt Julia Kristeva zu dem Befund, dass der Depressive nicht um ein Objekt trauert, sondern um ein sich der Sinngebung entziehendes »Reales«.

In eindringlichen klinischen Beispielen sowie in vier kunst- und literaturtheoretischen Arbeiten zu Holbein d. J., Nerval, Dostojewski und Marguerite Duras veranschaulicht Julia Kristeva ihren Ansatz, dass die Depression nicht nur eine zu behandelnde Pathologie ist, sondern auch ein Diskurs in einer Sprache, die es zu erlernen gilt.

Julia Kristeva

Schwarze Sonne Depression und Melancholie

268 S., Pb., € 29,90
ISBN 978-3-86099-736-9

Joachim F. Dankwardt
Gerd Schmithüsen / Peter Wegner

Mikroprozesse psychoanalytischen Arbeitens

188 S., Pb. Großoktav, € 24,90
ISBN 978-3-95558-068-1
E-Book: € 24,49, ISBN 978-3-95558-078-0

Die psychoanalytische Behandlungstechnik hat sich in den letzten hundert Jahren beeindruckend entwickelt. Die detaillierte Untersuchung klinischer Prozesse hat zu einer beachtlichen Ausdifferenzierung der psychoanalytischen Theorie geführt.

Das Buch stellt eine differenzierte und systematische Untersuchung von Mikrobewegungen in psychoanalytischen Prozessen dar. Als Pilotstudie rückt sie kleinteilige Prozesselemente in den Vordergrund und zeigt, dass man mit einer solchen Untersuchung zu hilfreichen Einsichten und Fortschritten im Verständnis von Behandlungsprozessen kommen kann.

Zentrales Merkmal früher Störungen ist der missglückte oder noch nicht geglückte Übergang aus der Verschachtelung der Mikrowelten von Mutter und Kind zu einer autonomen Verknüpfung mit den Fähigkeiten des Alleinseins und der positiven Verknüpfung mit der Mikrowelt eines anderen Objektes. Die Manipulation der Objektbeziehung ist dabei die bevorzugte Abwehrform, die intrapsychische Abwehr ist hingegen typisch für die neurotischen Formen der Konfliktregulierung.

Der Psychoanalyse fehlt jedoch eine umfassende Theorie des Phantasierens. Wie ist das Verhältnis von affektiven Prozessen und Phantasien zu verstehen? Die Voraussetzung dazu liefert eine Theorie der mentalen Mikrowelt.

Ulrich Moser

Frühe Störungen, Mikrowelten und Beziehungsregulierung

Fragmente zu einer Theorie des Phantasierens

176 S., Pb. Großoktav, € 19,90
ISBN 978-3-95558-166-4